de la
poesía
latinoamericana

Antología
de la
poesía
latinoamericana

Selección de
Armando Rodríguez

COLECCION
Poesía

EDITORES MEXICANOS UNIDOS, S. A.
L. GONZALEZ OBREGON No. 5-B
MEXICO 1, D. F.

© Editores Mexicanos Unidos, S. A.
Miembro de la Cámara Nacional
de la Industria Editorial. Reg. No. 115

5a. edición marzo de 1983

La presentación y composición tipográficas
son propiedad de los editores.

ISBN-968-15-0289-2

1a. Reimpresión Febrero 1994

Impreso en México
Printed in Mexico

PROEMIO

No pretendemos con esta breve introducción hacer a la poesía hispanoamericana un estudio analítico que requeriría muchas páginas. Sólo queremos destacar la pujanza y amplitud que ha tenido nuestra lírica en el desarrollo y formación de la literatura española hasta nuestros días. A mediados del siglo XIX y como una consecuencia natural de su independencia política comienza en Hispanoamérica un movimiento renovador en sus letras que también se liberan del tutelaje literario, formalista y tradicional de España.

Algunos historiadores y críticos literarios han señalado la trayectoria de la poesía hispanoamericana como sigue: precursores del modernismo, modernistas, postmodernistas y contemporáneos.

Como precursores del modernismo se señalan poetas como el cubano José Martí, el mexicano Gutiérrez Nájera, Díaz Mirón, José Asunción Silva, Julián del Casal, Zorrilla de San Martín y otros.

Entre los modernistas se incluyen Herrera y Reissig, Guillermo Valencia, Amado Nervo, Santos Chocano, Pezoa Véliz, Leopoldo Lugones y otros, destacando entre ellos, el nicaragüense Rubén Darío como la más alta y pura expresión de dicho movimiento. El modernismo representó la emancipación de las letras hispanoamericanas del tutelaje literario peninsular. Cabe también señalar que en la España decimonónica, desgarrada por innumerables guerras civiles, no produjo en la poesía nada que pueda considerarse de gran valor, exceptuando al romántico Gustavo Adolto Bécquer. El romanticismo que predominaba en la lírica española fue superado en pulcritud y universalidad, por el modernismo hispanoamericano. Miguel de Unamuno comentó al terminar de leer una obra de Rubén Darío. "Nuestra lengua nos dice allende el gran mar cosas que aquí nunca dijo", con lo cual reconoce que América toma la dirección del lenguaje y su renovación.

Mucho se ha escrito sobre el modernismo para que nosotros podamos añadir algo nuevo pero fue una corriente literaria que influyó poderosamente en la formación de las nuevas generaciones en busca de nuevos y más amplios horizontes. Las figuras de Amado Nervo, Santos Chocano y el genio de Darío, bastan para inmortalizar el modernismo, en la historia de la literatura del siglo XX.

Aunque el modernismo no pueda ser subestimado como movimiento de creación y renovación literaria de grandes vuelos, tenía que llegar su fin. Hacia 1920 salen nuevos poetas en toda Hispanoamérica que inician el llamado movimiento postmodernista, que abandonando el concepto de la palabra mágica —tan caro a Rubén Darío— plasma en su poesía, la violencia y la emoción de sus sentimientos, abordando directamente la estructura psicológica del hombre. Entre ellos sobresalen el mexicano González Martínez, la chilena Gabriela Mistral, las uruguayas Delmira Agustini y Juana de Ibarborou, la argentina Alfonsina Storni, el colombiano Barba Jacob y otros más.

Desde 1940 hasta la fecha, nuevas corrientes estéticas irrumpen en la lírica hispanoamericana como el surrealismo, superrealismo, vanguardismo, postvanguardismo, etcétera, pero el rasgo más importante que comienza, es el abandono o la ruptura con las formas tradicionales; con los "ismos", y los poetas escriben una poesía más libre, más de acuerdo con ellos mismos y para los demás, que corresponde a los sentimientos, ideas y emociones del hombre de nuestros días. Entre estos poetas están, César Vallejo, Pablo Neruda y Octavio Paz, cuya trascendencia ha rebasado los límites del continente americano, para situarlos merecidamente, en la literatura contemporánea mundial.

Y para terminar esta modesta introducción sobre un tema tan amplio como la poesía hispanoamericana, citaremos unas palabras de Octavio

Paz, que definen sustancialmente, lo que acabamos de señalar: "El período moderno se divide en dos momentos: el modernista, apogeo de las influencias parnasianas y simbolistas, y el contemporáneo. En ambos los poetas hispanoamericanos fueron los iniciadores de la reforma; y en las dos ocasiones la crítica peninsular denunció el galicismo mental de los hispanoamericanos, para más tarde reconocer que esas importaciones e inovaciones eran también. y sobre todo, un redescubrimiento de los poderes verbales del castellano."

Julio Cardenas

ARGENTINA

Alfonsina Storni
Ricardo Rojas
Rafael Obligado
Florencio Balcarce
Olegario V. Andrade
Rafael A. Arrieta
Enrique Banchs
Evaristo Carriego
Eduardo Carranza
Luis Cané
Arturo Capdevila
Héctor Pedro Blomberg
Jorge Luis Borges
Raúl González Tuñón
Leopoldo Lugones
Almafuerte

EL DIVINO AMOR

Alfonsina Storni

Te ando buscando, amor que nunca llegas,
te ando buscando, amor que te mezquinas,
me aguzo por saber si me adivinas ,
me doblo por saber si te me entregas.

Las tempestades mías, andariegas,
se han aquietado sobre un haz de espinas;
sangran mis carnes gotas purpurinas
porque a salvarme, ¡oh,' niño!, te me niegas.

Mira que estoy de pie sobre los leños,
que a veces bastan unos pocos sueños
para encender la llama que me pierde.

Sálvame, amor, y con tus manos puras
trueca este fuego en límpidas dulzuras
y haz de mis leños una rama verde.

DOLOR

Quisiera esta tarde divina de octubre
pasear por la orilla lejana del mar;
que la arena de oro y las aguas verdes
y los cielos puros me vieran penar...

11

Ser alta, soberbia, quisiera,
como una romana, para concordar
con las grandes olas, y las rocas muertas
y las anchas playas que ciñen el mar.

Con el paso lento y los ojos fríos
y la boca muda dejarme llevar;
ver cómo se rompen las olas azules
contra los granitos y no parpadear;

ver cómo las aves rapaces se comen
los peces pequeños y no suspirar;
pensar que pudieran las frágiles barcas
hundirse en las aguas y no despertar;

ver que se adelanta, la garganta libre,
el hombre más bello; no desear amar...
Perder la mirada distraídamente,
perderla y que nunca la vuelva a encontrar;
y, figura erguida entre cielo y playa,
¡sentirme el olvido perenne del mar!

EL CLAMOR

Alfonsina Storni

Alguna vez andando por la vida,
por piedad, por amor,
como se da una fuente sin reservas,
yo di mi corazón.

Y dije al que pasaba, sin malicia
y quizá con fervor.
—Obedezco a la ley que nos gobierna:
he dado el corazón.

Y tan pronto lo dije, como un eco
ya se corrió la voz:
—Ved la mala mujer, ésa que pasa:
ha dado el corazón.

De boca en boca, sobre los tejados
rodaba este clamor:
—¡Echadle piedras, eh, sobre la cara!
Ha dado el corazón.

Ya está sangrando, sí la cara mía,
pero no de rubor,
que me vuelvo a los hombres y repito:
¡He dado el corazón!

EL LEON

Entre barrotes negros, la dorada melena
paseas lentamente y te tiendes por fin
descansando los tristes ojos sobre la arena
que brilla en los angostos senderos del jardín.

Bajo el sol de la tarde te has quedado sereno
y ante tus ojos pasa, fresca y primaveral,

la niña de quince años con su esponjado seno:
¿Sueñas echarle las garras, oh goloso animal?

Miro tus grandes uñas, inútiles y corvas;
se abren tus fauces; veo el inútil molar,
e inútiles como ellos van tus miradas torvas
a morir en el hombre que te viene a mirar.

El hombre que te mira tiene las manos finas
tiene los ojos fijos y claros como tú.
Se sonríe al mirarte. Tiene las manos finas
león, los ojos tiene como los tienes tú.

Un día suavemente, con sus corteses modos
hizo el hombre la jaula para encerrarte allí,
y ahora te contempla, apoyado de codos,
sobre el hierro prudente que lo aparta de ti.

No cede. Bien lo sabes. Diez veces en el día
tu cuerpo contra el hierro carcelario se fue:
diez veces contra el hierro fue inútil tu porfía
tus ojos, muy lejanos, hoy dicen: para qué.

No obstante, cuando corta el silencio nocturno
el rugido salvaje de algún otro león,
te crees en la selva, y el ojo, taciturno,
se te vuelve en la sombra encendido carbón.

14

Entonces como otrora, se te afinan las uñas,
y la garganta seca de una salvaje sed,
la piedra de tu celda vanamente rasguñas
y tu zarpazo inútil retumba en la pared.

Los hijos que te nazcan, bestia caída y triste,
de la leona esclava que por hembra te dan,
sufrirán en su carne lo mismo que sufriste,
pero garras y dientes más débiles tendrán.

Alguna vez te he visto durmiendo tu tristeza,
la melena dorada sobre la piedra gris,
abandonado el cuerpo con la enorme pereza
que las siestas de fuego tienen en tu país.

Y sobre tu salvaje melena enmarañada
mi cuello delicado sintió la tentación
de abandonarse al tuyo, yo como tú, cansada,
de otra jaula más vasta que la tuya, león.

Como tú contra aquélla mil veces he saltado.
Mil veces, impotente, me he vuelto a acurrucar.
¡Cárcel de los sentidos que las cosas me han dado!
Ah, yo del universo no me puedo escapar.

EL RUEGO

Señor, Señor, hace ya tiempo, un día
soñé un amor como jamás pudiera

soñarlo nadie, algún amor que fuera
la vida toda, toda la poesía.

Y pasaba el invierno y no venía,
y pasaba también la primavera,
y el verano de nuevo persistía,
y el otoño me hallaba con mi espera.

Señor, Señor; mi espalda está desnuda.
¡Haz restallar allí, con mano ruda,
el látigo que sangra a los perversos!

Que está la tarde ya sobre mi vida,
y esta pasión ardiente y desmedida
la he perdido, ¡Señor, haciendo versos!

ORACION

Ricardo Rojas

Tiempo que vas pasando como un río
junto al árbol tenaz de la ribera,
linfa constante de agua pasajera:
yo soy un árbol de tu cauce umbrío.

Caen las hojas secas en las aguas,
y al dejar el nostálgico ramaje,
se van para un quimérico viaje
con el lento bogar de las piraguas.

Y al promediar la noche taciturna,
baja una estrella en medio de la fronda,
a esconder sus tesoros en la onda
como una blanca náyade nocturna.

Pasa la vida lenta, hora tras hora,
y en la noche de invierno sólo queda
un fantasma callado en la arboleda,
y en el agua una estrella tembladora.

Yo te daré todo el follaje mío,
guárdame tú hasta la hora del invierno
la fiel estrella del amor eterno,
tiempo que vas pasando como un río.

EL ALMA DEL PAYADOR

Rafael Obligado

Cuando la tarde se inclina,
sollozando, al Occidente,
corre una sombra doliente
sobre la Pampa argentina.
Y cuando el sol ilumina,
con luz brillante y serena,
del ancho campo la escena,

la melancólica sombra
huye besando su alfombra
con el afán de la pena.

Cuentan los criollos del suelo
que en tibia noche de luna,
en solitaria laguna
para la sombra su vuelo;
que allí se ensancha, y un velo
va sobre el agua formando,
mientras se goza escuchando,
por singular beneficio,
el incesante bullicio
que hacen las olas rodando.

Dicen que en noche nublada,
si su guitarra algún mozo,
en el crucero del pozo
deja de intento colgada,
llega la sombra callada,
y, al envolverla en su manto,
suena el preludio de un canto
entre las cuerdas dormidas,
cuerdas que vibran heridas
como por gotas de llanto.

Cuentan que en noche de aquéllas
en que la Pampa se abisma
en la extensión de sí misma
sin su corona de estrellas,

sobre las lomas más bellas,
donde hay más trébol risueño,
luce una antorcha sin dueño
entre una niebla indecisa,
para que temple la brisa
las blandas alas del sueño.

Mas, si trocado el desmayo
en tempestad de su seno,
estalla el cóncavo trueno,
que es la palabra del rayo,
hiere al ombú de soslayo.
rojiza sierpe de llamas,
que, calcinando sus ramas,
serpea, corre y asciende,
y en la alta copa desprende
brillante lluvia de escamas.

Cuando en las siestas de estío
las brillazones remedan
vastos oleajes que ruedan
sobre fantástico río,
mudo, abismado y sombrío,
baja un jinete la falda
tinta de bella esmeralda,
llega a las márgenes solas. . .
y hunde su potro en las olas,
con la guitarra a la espalda.

Si entonces cruza a lo lejos,
galopando sobre el llano
solitario, algún paisano,
viendo al otro en los reflejos
de aquel abismo de espejos,
siente indecibles quebrantos,
y, alzando, en vez de sus cantos,
una oración de ternura,
al persignarse murmura:
"¡El alma del viejo Santos!"

Yo, que en la tierra he nacido
donde ese genio ha cantado
y el pampero he respirado
que al payador ha nutrido,
beso este suelo querido
que a mis caricias se entrega,
mientras de orgullo se anega
la convicción de que es mía
la patria de Echeverría,
¡la tierra de Santos Vega!

La prenda del payador

El sol se oculta inflamado,
el horizonte fulgura,
y se extiende en la llanura
ligero estambre dorado;

sopla el viento sosegado,
y del inmenso circuito
no llega al alma otro grito,
ni al corazón otro arrullo,
que un monótono murmullo
que es la voz de lo infinito.

Santos Vega cruza el llano,
alta él ala del sombrero,
levantada del pampero
al impulso soberano.
Viste poncho americano
suelto en ondas de su cuello,
y en el bronce de su frente,
lo cincela el sol poniente
con el último destello.

¿Dónde va? Vese distante
de un ombú la copa erguida,
como espiando la partida
de la luz agonizante.
Bajo la sombra gigante
de aquel árbol bienhechor,
su techo, que es un primor
de reluciente totora,
alza el rancho donde mora
la prenda del payador.

Ella, en el tronco sentada,
meditabunda le espera,
y en su negra cabellera
hunde la mano rosada.
Le ve venir: su mirada,
más que la tarde, serena,
se cierra entonces sin pena,
porque es todo su embeleso
que él la despierte de un beso
dado en su frente morena.

No bien llega, el labio amado
toca la frente querida,
y vuela un soplo de vida
por el ramaje callado...
Un ¡ay! apenas lanzado,
como susurro de palma,
gira en la atmósfera en calma;
y ella, fingiéndole enojos,
alza a su dueño unos ojos
que son dos besos del alma.

Cerró la noche. Un momento
quedó la Pampa en reposo,
cuando un rasgueo armonioso
pobló de notas el viento.
Luego, en el dulce instrumento
vibró una endecha de amor,

y, en el hombro del cantor,
llena de amante tristeza
ella dobló la cabeza
para escucharlo mejor.

"—Yo soy la nube lejana,
Vega en su canto decía,
que con la noche sombría
huye al venir la mañana;
soy la luz que en tu ventana
filtra en manojos la luna;
la que de niña, en la cuna,
abrió tus ojos risueños;
la que dibuja tus sueños
en la desierta laguna.

Yo soy la música vaga
que en los confines se escucha,
esa armonía que lucha
con el silencio y se apaga;
el aire tibio que halaga
con su incesante volar,
que del ombú vacilar
hace la copa bizarra;
y la doliente guitarra
que suele hacerte llorar..."

Leve rumor de un gemido,
de una caricia llorosa,
hendió la sombra medrosa,

crujió en el árbol dormido.
Después, el ronco estallido
de rotas cuerdas se oyó;
un remolino pasó
batiendo el rancho cercano,
y en el circuito del llano
todo en silencio quedó.

Luego, inflamando el vacío,
se levantó la alborada,
con esa blanca mirada
que hace chispear el rocío.
Y cuando el sol en el río
vertió su lumbre primera,
se vio una sombra ligera
en Occidente ocultarse,
y el alto ombú balancearse
sobre una antigua tapera.

EL CIGARRO

Florencio Balcarce

En la cresta de una loma
se alza un ombú corpulento,
que alumbra el sol cuando asoma,
y bate si sopla el viento.
Bajo sus ramas se esconde

un rancho de paja y barro,
mansión pacífica donde
fuma un viejo su cigarro.

En torno los nietos mira,
y con labios casi yertos:
"¡Feliz, dice, quien respira
el aire de los desiertos!

"Puedo, en fin, aunque en la fuente
aplaque mi sed sin jarro,
entre mi prole inocente
fumar en paz mi cigarro.

"Que os mire crecer contentos
el ombú de vuestro abuelo,
tan libres como los vientos
y sin más Dios que el del cielo.

"Tocar vuestra mano tema
del rico el dorado carro;
a quien lo toca, hijos, quema
como el fuego del cigarro.

"No siempre movió en mi frente
el pampero, fría cana;
el mirar mío fue ardiente,
mi tez rugosa, lozana.

"La fama en tierras ajenas
me aclamó noble y bizarro;
pero ya ¿qué soy? Apenas
la ceniza de un cigarro.

"Por la patria fui soldado

y seguí nuestras banderas
hasta el campo ensangrentado
de las altas cordilleras.

"Aun mi huella está grabada
en la tumba de Pizarro.
Pero ¿qué es la gloria? Nada;
es el humo de un cigarro.

"¿Qué me dejan de sus huellas
la grandeza y los honores?
Por la paz hondas querellas,
los abrojos por las flores.

"La patria al que ha perecido
desprecia como un guijarro...
Como yo arrojo y olvido
el pucho de mi cigarro.

"Las horas vivid sencillas
sin correr tras la tormenta:
no dobléis vuestras rodillas
sino al Dios que nos alienta.

"No habita la paz más casa
que el rancho de paja y barro;
gozadla, que todo pasa,
y el hombre, como un cigarro".

EL CONSEJO MATERNO

Olegario V. Andrade

Ven para acá, me dijo dulcemente
mi madre cierto día,
(aun parece que escucho en el ambiente
de su voz la celeste melodía).

Ven y dime, qué causas tan extrañas
te arrancan esa lágrima, hijo mío,
que cuelga de tus trémulas pestañas
como gota cuajada de rocío.

Tú tienes una pena y me la ocultas:
¿no sabes que la madre más sencilla
sabe leer en el alma de sus hijos
como tú en la cartilla?
¿Quieres que te adivine lo que sientes?
Ven para acá, pilluelo,
que con un par de besos en la frente
disiparé las nubes de tu cielo.

Yo prorrumpí a llorar. —Nada, le dije,
la causa de mis lágrimas ignoro;
pero de vez en cuando se me oprime
el corazón y ¡lloro!...

Ella inclinó la frente pensativa,
se turbó su pupila.
y enjugando sus ojos y los míos,
me dijo más tranquila:

—Llama siempre a tu madre cuando sufras;
que vendrá muerta o viva;
si está en el mundo a compartir tus penas,
y si no, ¡a consolarte desde arriba!

Y lo hago así cuando la suerte airada
como hoy perturbe de mi hogar la calma;
¡invoco el nombre de mi madre amada,
y entonces, siento que se ensancha mi alma!

LA VUELTA AL HOGAR

Todo está como era entonces:
¡la casa, la calle, el río,
los árboles con sus hojas
y las ramas con sus nidos!
Todo está, nada ha cambiado,
el horizonte es el mismo;
¡lo que dicen esas brisas
ya otras veces me lo han dicho!
¡Ondas, aves y murmullos
son mis viejos conocidos,

confidentes del secreto
de mis primeros suspiros!
Bajo aquel sauce que moja
su cabellera en el río,
largas horas he pasado
a solas con mis delirios.
Las hojas de esas achiras
eran el tosco abanico
que refrescaba mi mente
y humedecía mis rizos,
Un viejo tronco de ceibo
me daba sombra y abrigo,
¡un ceibo que desgajaron
los huracanes de estío!
Piadosa una enredadera
de perfumados racimos,
lo adornaba con sus flores
de pétalos amarillos.
El ceibo estaba orgulloso
con un brillante atavío;
¡era un collar de topacios
ceñido al cuello de un indio!
Todos aquí me confiaban
sus penas y sus delirios;
con sus suspiros las hojas,
con sus murmullos el río.
¡Qué triste estaba la tarde
la última vez que nos vimos!

Tan sólo cantaba un ave
en el ramaje florido.
Era un zorzal que entonaba
sus más dulcísimos himnos;
¡pobre zorzal que venía
a despedir un amigo!
Era el cantor de las selvas,
la imagen de mi destino,
viajero de los espacios,
siempre amante y fugitivo.
¡Adiós, parecían decirme
sus melancólicos trinos!;
¡adiós, hermano en los sueños!
¡Adiós, inocente niño!
¡Yo estaba triste, muy triste!
El cielo oscuro y sombrío;
los juncos y las achiras
se quejaban al oírlo.
Han pasado muchos años
desde aquel día tristísimo;
¡muchos sauces han tronchado
los huracanes bravíos!
Hoy vuelve el niño hecho hombre,
no ya contento y tranquilo:
con arrugas en la frente
y el cabello emblanquecido.
¡Aquella alma limpia y pura
como un raudal cristalino

es una tumba que tiene
la lobreguez del abismo!
Aquel corazón tan noble,
tan ardoroso y altivo,
que hallaba el mundo pequeño
a sus gigantes designios,
es hoy un hueco poblado
de sombras que no hacen ruido.
¡Sombras de sueños, dispersos
como neblina de estío!
¡Ah!, todo está como entonces,
los sauces, el cielo, el río,
las olas, hojas de plata
del árbol del infinito.
¡Sólo el niño se ha vuelto hombre,
y el hombre tanto ha sufrido,
que apenas trae en el alma
la soledad del vacío!

LA PREFERIDA

Rafael A. Arrieta

Las sombras agrupadas cubrían la ribera,
crepuscular, inmóvil en su bruñido escudo,
la fúnebre laguna. El cielo opaco y mudo.
Y el pavoroso y largo silencio de la espera,

Sin erizar las aguas con espumosos flecos,
sin violentar el aire, sin despertar los ecos,
en su batel mortuorio llegó Caronte. —"Arriba"
estremeció su grito glacial toda la riba.

Las sombras asaltaron la embarcación. Llenóla,
como se colma un vaso pequeño, el primer grupo
Del numeroso resto de almas que no cupo
quedaba en ella sitio no más para una sola.

Caronte, con un remo regulador en alto
detuvo amenazante y enérgico el asalto.
—Decid —habló el barquero postrer— decid los
                                        [méritos
que en este trance os pueden lograr mi prefe-
                                        [rencia.
Las sombras disputaron su póstuma excelencia
enumerando a coro sus títulos pretéritos.

Como el rumor confuso llenaba la laguna
les ordenó Caronte que hablaran una a una.
Adelantóse y dijo la primera: —Señor:
merece el epitafio de Esquilo mi valor.
Soldado fui. Los hombres temieron mi bravura,
impenetrable y noble metal de mi armadura.

Dijo otra sombra: —He sido para los campos
                                        [yermos

simiente bendecida de rosas y azucenas;
yo repartí mis bienes, Señor, a manos llenas;
me sorprendió la muerte curando a los enfermos.

Y una tercera exclamó: —Yo fui monarca...
Y otra: —De mis cinceles perdurará el milagro...
Y otra más: —Fui poeta genial, ignoto y magro...
Caronte, ya impaciente, movíase en la barca.

Y entonces una sombra más leve que las huellas
de un sueño, una liviana trémula sombra de ave
tan incorpórea y diáfana, tan ideal y suave
que entre las sombras era como una sombra de
                                            [ellas;
se dirigió al barquero tímidamente. —¡Habla!—
gritó Caronte haciendo temblar su vieja tabla.

Cual si la sombra fuera a disolverse en llanto
igual que una inefable, pequeña, frágil nube,
dijo con voz humilde: —"¡Señor, he amado tanto!"
Y decidió Caronte sencillamente: —¡Sube!

LIED

Eramos tres hermanas. Dijo una:
"Vendrá el amor con la primera estrella..."
Vino la muerte y nos dejó sin ella.

Eramos dos hermanas. Me decía:
"Vendrá la muerte y quedarás tú sola..."
Pero el amor llevóla.

33

Yo aclamaba, yo clamo: "¡Amor o muerte!
¡Amor o muerte quiero!"
Y todavía espero...

BALBUCEO

Enrique Banchs

Triste está la casa nuestra,
triste, desde que te has ido.
Todavía queda un poco
de tu calor en el nido.

Yo también estoy un poco
triste desde que te has ido;
pero sé que alguna tarde
llegarás de nuevo al nido.

¡Si supieras cuánto, cuánto
la casa y yo te queremos!
Algún día, cuando vuelvas ,
verás cuánto te queremos.

Nunca podría decirte
todo lo que te queremos:
es como un montón de estrellas
todo lo que te queremos.

Si tú no volvieras nunca,
más vale que yo me muera...
Pero siento que no quieres,
no quieres que yo me muera.
Bienquerida que te fuiste,
¿no es cierto que volverás?
Para que no estemos tristes,
¿no es cierto que volverás?

CANCION

No es ésta la primavera
o no soy de mi señor.
La vi más invencionera,
con algo de más cantor;
y en mí... hoy más fácil fuera
que el mármol diese una flor.
¡Antes todo era mejor!
Adiós la edad más ligera,
                    adiós.

Tiempo que de hermoseador
te hiciste traidor, siquiera
dejárasme aquel valor
y aquella esperanza entera...
Mas me dejaste el honor
y no la audacia primera.

¡Ay! Tiempo, que más valiera
adiós, decir al amor,
                          adiós,

Si el corazón ya no espera
¿qué cosa tiene valor?
Edad que de romancera
paró en tan poco vigor
no importa que al fin se muera
ni vale pena mayor
pues que no anuncia favor...
Adiós jardín de quimera,
                          adiós,

SONETOS

Fueron un tiempo mi apagada suerte
diminuto dolor, dicha menuda:
la vida a un lado me dejó, sin duda;
sin duda, a un lado me dejó la muerte...

Temí esa paz que sordamente anuda
el nervio fono más vibrante y fuerte;
temí que el alma, poco a poco inerte,
se me quedara para siempre muda.
Saltó de pronto en la callada ruta
y supe entonces del vivir bravío,
tanto, que ahora solamente ansío
dolor menudo y dicha diminuta.

Todo esto es bueno y tiene misteriosa
gracia. Y alrededor todo es dulzura,
y rebosa alegría cual rebosa
la penumbrosa pérgola frescura.

Como es su deber mágico, dan flores
los árboles. El sol en los tejados
y en las ventanas brilla. Ruiseñores
quieren decir que están enamorados. .

¡Dios mío, todo está como antes era!
Se va el invierno, viene primavera,
y todos son felices; y la vida

pasa en silencio, amada y bendecida;
nada dice que no, nada, jamás. . .
Pero yo sé que no la veré más.

* * *

Muerta suntuosidad, marchitos oros,
púrpura desteñida, pompa ignota,
corona seca en la columna rota
del templo solo, silenciosos foros;

parques que el olifante hizo sonoros,
caída estatua en la que puso cota
sombría el musgo, pátina que embota
el brillo agudo en bruma de tesoros:

morada son dilecta de mi alma
que, alumna secular, prefiere ruinas
próceres a la de hoy menguada palma,

y pliega, entre el fragor de vanos vientos,
las inútiles alas aquilinas
en las cenizas de los monumentos.

* * *

Una noche de seda, de secretos,
de silencio, de calma y de dulzura,
todo velado, leve, vago, quieto
y evanescente en la arboleda oscura...

Pálida noche misteriosa y pura,
nada, en ella, vivía por completo:
la frase era un suspiro de ternura
la idea desmayaba sin objeto...

Te sentí, como en sueños, a mi lado,
lánguida e impalpable forma clara,
temiendo que la brisa te llevara.

—¿Por qué me dejas? —murmuré angustiado—
por mi mano resbalas suave y triste...
—No soy yo: es una lágrima... —dijiste.

DESPOJO DE FABRICA

Evaristo Carriego

Hoy ha tosido mucho. Van dos noches
que no puede dormir; noches fatales
en esa oscura pieza donde pasa
sus más amargos días, sin quejarse.

El taller la enfermó, y así, vencida
en plena juventud, quizás no sabe
de una hermosa esperanza que acaricie
sus largos sufrimientos de incurable.

Abandonada siempre, son sus horas
como su enfermedad: interminable.
Sólo, a ratos, el padre se le acerca,
cuando llega borracho; por la tarde...

Pero es para decirle lo de siempre,
el invariable insulto, el mismo ultraje,
¡le reprocha el dinero que le cuesta
y la llama haragana, el miserable!

Ha tosido de nuevo. El hermanito
que a veces en la pieza se distrae
jugando, sin hablarle, se ha quedado
de pronto serio como si pensase...

Después se ha levantado y bruscamente
se ha ido, murmurando al alejarse,
con algo de pesar y mucho asco:
"que la puerca otra vez escupe sangre".

DESPUES DEL OLVIDO

Evaristo Carriego

Porque hoy has venido, lo mismo que antes,
con tus adorables gracias exquisitas,
alguien ha llenado de rosas mi cuarto
como los instantes de pasadas citas.

¿Te acuerdas?... Recuerdo de noches lejanas,
aún guardo, entre otras, aquella novela
con la que soñabas imitar, a ratos,
no sé si a Lucía, no sé si a Graciela.

Y aquel abanico, que sentir parece
la inquieta, la tibia presión de tu mano;
aquel abanico ¿te acuerdas? trasunto
de aquel apacible, distante verano...

¡Y aquellas memorias que escribiste un día!
—un libro risueño de celos y quejas—
¡Rincón asoleado! ¡Rincón pensativo
de cosas tan vagas, de cosas tan viejas!...

Pero no hay los versos: ¡Qué quieres!... ¡te fuiste!
—¡Visión de saudades, ya buenas, ya malas!—
La nieve incesante de bárbaro hastío
¿no ves? ha quemado mis líricas alas.

¿Para qué añoranzas? Son filtros amargos
como las ausencias son hoscos asedios...
Prefiero las rosas, prefiero tu risa
que pone un rayito de sol en mis tedios.

¡Y porque al fin vuelves, después del olvido,
en hora de angustias, en hora oportuna,
alegre como antes, es hoy mi cabeza
una pobre loca borracha de luna!

SONETO CON UNA SALVEDAD

Eduardo Carranza

Todo está bien: el verde en la pradera,
el aire con su silbo de diamante,
y en el aire la rama dibujante,
y por la luz, arriba, la palmera.

Todo está bien: la fuente que me espera,
el agua con su cielo caminante,
el rojo húmedo en la boca amante
y el viento de la patria en la bandera.

Bien que sea entre sueños el infante,
que sea enero azul y que yo cante;
bien la rosa en su claro palafrén.

Bien está que se viva y que se muera,
el Sol, la Luna, la creación entera,
salvo mi corazón, todo está bien.

ROMANCE DE LA NIÑA NEGRA

Luis Cané

I

Toda vestida de blanco,
almidonada y compuesta,
en la puerta de su casa
estaba la niña negra.

Un erguido moño blanco
decoraba su cabeza;
collares de cuentas rojas
al cuello le daban vueltas.

Las otras niñas del barrio
jugaban en la vereda;
las otras niñas del barrio
nunca jugaban con ella.

Toda vestida de blanco,
almidonada y compuesta.

en su féretro de pino
reposa la niña negra.

A la presencia de Dios
un ángel blanco la lleva;
la niña negra no sabe
si ha de estar triste o contenta.

Dios la mira dulcemente,
le acaricia la cabeza,
y un lindo par de alas blancas
a sus espaldas sujeta.

Los dientes de mazamorra
brillan a la niña negra.
Dios llama a todos los ángeles
y dice: —¡Jugad con ella!

NOCTURNO DE LA SABIDURIÁ

Arturo Capdevila

Cierra tu puerta bien. El sabio es sordo.
No asomes la cabeza a tu ventana.
Oro de Ofir te ofrecerán: no escuches.
Oro de Ofir te mostrarán: no salgas.

¡Más oro tienes tú, mucho más oro!
Que son de oro los muros de tu casa.
No lo trueques por ese del camino...
¡Por el bien de tu vida, no te vayas...!

Somos como las lámparas. Alumbra
en el alma una luz, una luz blanca.
Cuidado que corriendo no te quemes
y el propio corazón se te alce en llamas.

Por pobre dicha que en tu casa tengas,
alúmbrala, protégela y ampárala.
Por pequeño jardín que tú cultives,
con una rosa más, siempre se agranda.

Pero las voces, las falaces voces,
¡cómo resuenan y clamando llaman!
¡Por la paz de tus horas, que no escuches!
¡Por el bien de tu vida, que no salgas!

¡Siempre buscando lo que está remoto!
¡Siempre el hechizo de las lontananzas!
¡Siempre en el aire las falaces voces
que nos llaman!

ROMANCE DE LA CASA DE TREJO

Viene el forastero por la calle arriba,
por la calle abajo, señora de edad.
Viene el forastero, la mirada ilusa.
Ella, a devociones mañaneras va,
de luto vestida, sombrilla a la mano,
bordoneando el suelo con lento compás.
En la propia esquina, frente a la plazuela
del doctor García, como un patio, en paz,

la iglesia desnuda de la Compañía
impone el encanto de la antigüedad.

Llega el forastero por la calle arriba;
la iglesia contempla con muda piedad.
Por la calle abajo, rengueando camina,
de libro de misa, la dama de edad.
Por la calle arriba sigue el forastero. . .
¿Y esa noble casa? ¿Y ese buen portal?
¿Y ese patio y verja? ¿Y esa estatua dentro?
Goza el forastero su curiosidad.

Pero ya pregunta, pues la dama llega,
¿qué casa es la casa que mirando está?
Y ella, con su orgullo que es garbo y
                                    [empaque,
vuelta allí de pronto voz de la ciudad,
responde:
    —Mirando, lo advinaría. . .
¡Esta es, caballero, la Universidad!

LA REINA DEL MERCADO

Héctor Pedro Blomberg

Reina roja del mercado,
paloma de Montserrat,
mi guitarra mazorquera
ya no te quiere cantar.

¿Por qué ocultas tus pupilas
tu rebozo federal?
Te di mi puñal de plata
y con él me matarás.

Juraste que me querías
por la Virgen de Luján:
No quiso la Virgen gaucha
que dijeses la verdad.

Te vieron en el mercado
del barrio de Montserrat
besando la frente de uno
que habían ido a degollar.

¿Te amó el unitario rubio
como yo, o te quiso más?
Mientras besabas al muerto
yo te quería matar.

Por eso me estoy muriendo;
ven y clávame el puñal,
reina roja del mercado,
paloma de Montserrat.

LAS DULCES MUERTES

Sucios despojos de los grandes muelles,
almas errantes de los viejos puertos,
¡Cuán sabias sois cuando fumáis el opio
de vuestras pipas!

Turbios harapos de la muerta China,
mascad betel en las calladas noches;
fumad yen-hok para ahuyentar la sombra
de vuestras almas.

Hombres hambrientos de lejanas tierras,
el bhang celeste y el haschisch divino
aliviarán la trágica fatiga
de vuestros huesos.

Morid así, porque la muerte es dulce
cuando llega en las noches de los puertos,
y en el humo del opio desvanece
vuestra miseria.

MANUSCRITO HALLADO EN UN LIBRO
DE JOSEPH CONRAD

Jorge Luis Borges

En las trémulas tierras que exhalan el verano,
el día es invisible de puro blanco. El día
es una estría cruel en una celosía,
un fulgor en las costas y una fiebre en el llano.

Pero la antigua noche es honda como un jarro
de agua cóncava. El agua se abre a infinitas
[huellas

y en ociosas canoas, de cara a las estrellas,
el hombre mide el vago tiempo con el cigarro.

El humo desdibuja gris las constelaciones
remotas. Lo inmediato pierde prehistoria y nom-
[bre.
El mundo es unas cuantas tiernas imprecisiones.
El río, el primer río. El hombre, el primer hom-
[bre.

ANTELACION DE AMOR

Jorge Luis Borges

Ni la intimidad de tu frente clara como una
[fiesta
ni la privanza de tu cuerpo, aún misterioso y
[tácito y de niña,
ni la sucesión de tu vida situándose en palabras o
[acallamiento
serán favor tan persuasivo de ideas
como el mirar tu sueño implicado
en la vigilia de mis ávidos brazos.
Virgen milagrosamente otra vez por la virtud
[absolutoria del sueño,
quieta y resplandeciente como una dicha en la
[selección del recuerdo,
me darás esa orilla de tu vida que tú misma no
[tienes,

Arrojado a quietud
divisaré esa playa última de tu ser
y te veré por vez primera quizás,
como Dios ha de verte,
desbaratada la ficción del Tiempo
sin el amor, sin mí.

MARIONNETTES, 4

Raúl González Tuñón

¿Qué pasará al mundo, Dios mío?
¿Qué pasará? Bailan los niños
sobre el puente de Avignón
y bajo el puente corre el río
y sufro mal de desamor
y me muero de hambre y de frío
y sobre el puente de Avignón
bailan los niños, niños, niños.
La luna, viento de cartón
abofeteando flacos pinos,
sobre la cruz de los caminos
espanta pájaros mi voz.
¿Dónde está el furor de Rolando
y la gracia del burratino?
El uno es un muñeco a mano
y el otro es un muñeco a hilo.

La vida es breve, el tiempo corre.
Hombres, los hombres pasarán.
En donde estaba está la torre,
los arcabuceros no están.
Mas los muñecos siempre vuelven
dan unas vueltas y se van.
Y todo es eso, mi querida.
Pasar, la única función,
función de muerte, función de vida,
pobre aserrín el corazón
pobre máscara desteñida
nuestra ilusión.
Los que ayer estaban, no están
—¡cuántos rostros se han esfumado!—
Sobre la lona del tinglado
las marionetas dan, dan
tres vueltas y después se van.

EL NIDO AUSENTE

Leopoldo Lugones

Sólo ha quedado en la rama
un poco de paja mustia,
y en la arboleda la angustia
de un pájaro fiel que llama.

Cielo arriba y senda abajo,
no halla tregua a su dolor,

y se para en cada gajo
preguntando por su amor.

Ya remonta con su queja,
ya pía por el camino
donde deja en el espino
su blanda lana la oveja.

Pobre pájaro afligido
que sólo sabe cantar,
y cantando llora el nido
que ya nunca ha de encontrar.

OCEANIDA

Leopoldo Lugones

El mar lleno de urgencias masculinas
bramaba alrededor de tu cintura,
y como un brazo colosal, la óscura
ribera te amparaba. En tus retinas

y en tus cabellos, y en tu astral blancura,
riela con decadencias opalinas
esa luz de las tardes mortecinas
que en el agua pacífica perdura.

Palpitando a los ritmos de tu seno
hinchóse en una ola el mar sereno;
para hundirte en sus vértigos felinos.

Su voz te dijo una caricia vaga,
y al penetrar entre tus muslos finos
la onda se aguzó como una daga.

RONDA DE LOS ENANOS

Leopoldo Lugones

I

Los enanos en la arena
hacen ronda con la nena.
Ronda, ronda que te rondan,
y la luna bien redonda.
Ronda que ronda rondón,
y a cada enano un turrón.
Ronda que ronda rondel,
y a la nena un cascabel
de oro fino y del mejor
que la nena es un primor.
Ahora pasa cada enano
con la nena de la mano.
A unos el nombre les sé,
de los otros me olvidé.

II

Ahí viene el enano blanco
que baila en un solo zanco,
de punta sobre su pata.

Colgado de un hilo en vilo,
baila sin pausa ninguna,
y el ovillo de la luna
pone el hilo,
que usted se puede comer
porque vuelven a crecer.
Este es el enano azul
que guardado en un baúl
tiene el príncipe Gandul
que reina sobre Kabul.
Ahí viene el enano rojo
montado en un ganso cojo,
porque sufrió esa avería
en una juguetería.
Y el enano anaranjado,
y el enanito violeta,
y el que tiene la chaqueta
de clavel disciplinado...
Ronda que ronda rondín,
y ahora pasan al jardín.
Miren aquél de los rizos
que son granizos postizos.
Y éste que ata con neblina
sus barbas de escarcha fina.
Y la nena que, traviesa,
rulos y barbas les mesa.
Cada cual lleva un farol,
la nena un chal tornasol.

Ahí va el enano Bamboche
vestido de negro noche;
con su carota borracha
como una gran remolacha.
Y en el rico terciopelo
del jubón, trusa y chinelas,
terciopelo y lentejuelas
pone el cielo.
Ahí viene el enano verde
que parece un renacuajo,
con su boca como un tajo
y una manzana que muerde
con dos dientes de cristal
y un colmillo de metal.
Este es el enano Alfil,
el que toca el tamboril.
Ahí viene el enano amarillo
con sus piernas de tornillo,
su barriga de acordeón
y su morrión fanfarrón.
Y a compás la ronda gira,
con la música que da
cuando se escoge y se estira:
Tira lira tiralá.
Ahí va el enano Meñique
de manitas de alfeñique,
el escarpín de charol
la caperuza de encaje,

y un enanito de paje
soplando en un caracol.

¡A V A N T I!

Almafuerte
Pedro B. Palacios

Si te postran diez veces, te levantas
Otras diez, otras cien, otras quinientas. . .
no han de ser tus caídas tan violentas
ni tampoco por ley han de ser tantas.

Con el hambre genial con que las plantas
asimilan el humus avarientas,
deglutiendo el rencor de las afrentas
se formaron los santos y las santas.

Obsesión casi asnal, para ser fuerte,
nada más necesita la criatura,
y en cualquier infeliz se me figura
que se rompen las garras de la suerte. . .
¡Todos los incurables tienen cura
cinco segundos antes de la muerte!

SONETO

Almafuerte

No te des por vencido, ni aun vencido;
no te sientas esclavo, ni aun esclavo;
trémulo de pavor, piénsate bravo,
y arremete feroz, ya mal herido.

Ten el tesón del clavo enmohecido,
que ya viejo y ruin vuelve a ser clavo;
no la cobarde intrepidez del pavo
que amaina su plumaje al primer ruido.
Procede como Dios, que nunca llora;
o como Lucifer, que nunca reza,
o como el robledal, cuya grandeza
necesita del Agua y no la implora...
¡Que muerda y vocifere vengadora
ya rodando en el polvo tu cabeza!

MEXICO

Manuel Acuña
Alfonso Cravioto
Salvador Díaz Mirón
Manuel Gutiérrez Nájera
Rubén C. Navarro
Luis G. Urbina
Sor Juana Inés de la Cruz
José Juan Tablada
Ramón López Velarde
Carlos Pellicer
José Gorostiza
Salvador Novo
Xavier Villaurrutia
Octavio Paz
Enrique González Martínez
Pita Amor
Jaime Torres Bodet
Manuel José Othón
Elías Nandino
Alí Chumacero
Margarita Mondragón
Margarita Paz Paredes

NOCTURNO

Manuel Acuña

Pues bien, yo necesito
decirte que te adoro,
decirte que te quiero
con todo el corazón;
que es mucho lo que sufro
y mucho lo que lloro,

que ya no puedo tanto,
y al grito que te imploro,
te imploro y te hablo en nombre
de mi última ilusión.

Yo quiero que tú sepas
que ya hace muchos días
estoy enfermo y pálido
de tanto no dormir;
que ya se han muerto todas
las esperanzas mías,
que están mis noches negras,
tan negras y sombrías,
que ya no sé ni en dónde
se alzaba el porvenir.

De noche, cuando pongo
mis sienes en la almohada

y hacia otro mundo quiero
mi espíritu volver,
camino mucho, mucho,
y al fin de la jornada
las formas de mi madre
se pierden en la nada
y tú de nuevo vuelves
en mi alma a aparecer.

Comprendo que tus besos
jamás han de ser míos,
comprendo que en tus ojos
no me he de ver jamás,
y te amo y en mis locos
y ardientes desvaríos
bendigo tus desdenes,
adoro tus desvíos,
y en vez de amarte menos,
te quiero mucho más.

A veces pienso en darte
mi eterna despedida,
borrarte en mis recuerdos
y hundirte en mi pasión;
mas si es en vano todo
y el alma no te olvida,
¿qué quieres tú que yo haga,
pedazo de mi vida?

¿Qué quieres tú que yo haga
con este corazón?

Y luego que ya estaba
concluido tu santuario,
tu lámpara encendida,
tu velo en el altar,
el sol de la mañana
detrás del campanario,
chispeando las antorchas,
humeando el incensario
y abierta allá a lo lejos
la puerta del hogar...

¡Qué hermoso hubiera sido
vivir bajo aquel techo,
los dos unidos siempre
y amándonos los dos;
tú siempre enamorada,
yo siempre satisfecho,
los dos una sola alma,
los dos un solo pecho,
y en medio de nosotros,
mi madre como un Dios!

¡Figúrate qué hermosas
las horas de esa vida!
¡Qué dulce y bello el viaje

por una tierra así!
Y yo soñaba en eso,
mi santa prometida;
y al delirar en eso,
el alma estremecida,
pensaba yo en ser bueno
por ti, no más, por ti.

¡Bien sabe Dios que ese era
mi más hermoso sueño,
mi afán y mi esperanza,
mi dicha y mi placer;
bien sabe Dios que en nada
cifraba yo mi empeño,
sino en amarte mucho
bajo el hogar risueño
que me envolvió en sus besos
cuando me vio nacer!

Esa era mi esperanza. . .,
mas ya que a sus fulgores
se opone el hondo abismo
que existe entre los dos,
¡adiós, por la vez última,
amor de mis amores,
la luz de mis tinieblas,
la esencia de mis flores,
mi lira de poeta,
mi juventud, adiós!

RASGO DE BUEN HUMOR

Manuel Acuña

¿Y qué? ¿Será posible que nosotros
tanto amemos la gloria y sus fulgores
la ciencia y sus placeres,
que olvidemos por eso los amores,
y más que los amores, las mujeres?

¿Seremos tan ridículos y necios
que por no darle celos a la ciencia,
no hablemos de los ojos de Dolores,
de la dulce sonrisa de Clemencia,
y de aquélla que, tierna y seductora,
aún no hace un cuarto de hora todavía,
con su boca de aurora,
"No te vayas tan pronto", nos decía?

¿Seremos tan ingratos y tan crueles,
y tan duros y esquivos con las bellas,
que no alcemos la copa
brindando a la salud de todas ellas?
Yo, a lo menos por mí, protesto y juro
que si al irme trepando a la escalera
que a la gloria encamina,
la gloria me dijera:

—Sube, que aquí te espera
la que tanto te halaga y te fascina;
y a la vez una chica me gritara:
—Baje usted, que lo aguardo aquí en la
                                    [esquina.
Yo juro, lo protesto y lo repito,
si sucediera semejante historia,
a riesgo de pasar por un bendito,
primero iba a la esquina que a la gloria.

Porque será muy tonto
cambiar una corona por un beso;
mas como yo de sabio no presumo,
me atengo a lo que soy, de carne y hueso,
y prefiero los besos y no el humo,
que al fin, lo gloria no es más que eso.

Por lo demás, señores,
¿quién será aquel, en fin, que no ha
                                    [sentido
con su libro de texto bajo el brazo,
no se olvidó de Lucio o de Robredo
por seguir paso a paso,
a alguna que nos hizo con el dedo

una seña de amor, así... al acaso?
¿O bien, que aprovechando la sordera
de la obesa mamá que la acompaña,
nos dice: —¡No me sigas!
porque mamá me pega y me regaña?

¿Y quien no ha consentido
en separarse del objeto amado
con tal de no mirarlo confundido?
¿Quién será aquel, en fin, que no ha
                                    [sentido
latir su corazón enamorado,
y a quién, más que el café, lo ha desvelado
el café de no ser correspondido?

Al aire, pues, señores
lancemos nuestras hurras por las bellas,
por sus gracias, sus chistes, sus amores,
sus perros y sus gatos y sus flores
y cuanto tiene relación con ellas.

Al aire nuestras hurras
de las criaturas por el ser divino
por la mitad del hombre,
por el género humano femenino.

EL BACHILLER

Alfonso Cravioto

El estudiante, con bonete y con manteo,
llega al recinto de la gran Aula Mayor;
y en la alta cátedra enarbolan su trofeo
capelos rígidos y borlas de doctor.

La Facultad en pleno está en la sillería,
solemne y grave, en especial traje talar;
sobre la maza del bedel refulge el día;
y hasta un retrato se ve en ansias de escuchar.

Y doctorales y ceñudos los maestros
todo enmarañan con sus réplicas sin fin;
y en argumentos silogísticos y diestros
el estudiante luce en gloria su latín.

Lo hacen la religión y su doctrina,
recta obediencia a la reinante majestad;
y entre los vítores de alegre estudiantina
lanza el pregón de su blasón la Facultad.

Todas las aulas se estremecen de ovaciones;
rompe la luz su más joyante rosicler;
y los padrinos distribuyen colaciones:
y en Nueva España existe un nuevo Bachiller.

LO QUE ME DIJO SOR JUANA

Alfonso Cravioto

Conserva sobre todo el don del entusiasmo;
admirar es fecundo, crear es admirar;
el amor rige el mundo, y el amor es un pasmo
de admiración muy íntimo, que nos hace vibrar.

Ama no importa qué, pero ama siempre, y busca
la flama del asombro, la llama del amor;
el entusiasmo vuelve suave la vida brusca,
es ala del espíritu, y hasta invierte el dolor.

Ubérrima es en dones la vida a aquél que siente
los gérmenes sutiles que infunde la pasión;
para el que admira, el dulce misterio es transpa
                                        [rente;
la luz de tu destino se halla en tu corazón.

Cristo me abrió sus brazos, y en éxtasis divino
mi amor encontró al cabo reveladora luz;
las rosas de su sangre me enseñan el camino;
por eso me he llamado Juana Inés de la Cruz.

A GLORIA

Salvador Díaz Mirón

No intentes convencerme de torpeza
con los delirios de tu mente loca:
mi razón es al par luz y firmeza,
firmeza y luz como el cristal de roca.
Semejante al nocturno peregrino,
mi esperanza inmortal no mira al suelo:
no viendo más que sombra en el camino,
sólo contempla el esplendor del cielo.

Vanas son las imágenes que entraña
tu espíritu infantil, santuario oscuro.
Tu numen, como el oro en la montaña,
es virginal y por lo mismo impuro.

A través de este vórtice que crispa,
y ávido de brillar, vuelo o me arrastro,
oruga enamorada de una chispa,
o águila seducida por un astro.

Inútil es que con tenaz murmullo
exageres el lance en que me enredo:
yo soy altivo, y el que alienta orgullo
lleva un broquel impenetrable al miedo.

Fiado en el instinto que me empuja,
desprecio los peligros que señalas:
"El ave canta aunque la rama cruja,
como que sabe lo que son sus alas".

Erguido bajo el golpe en la porfía,
me siento superior a la victoria.
Tengo fe en mí: la adversidad podría
quitarme el triunfo, pero no la gloria.

¡Deja que me persigan los abyectos!
¡Quiero atraer la envidia, aunque me abrume!
La flor en que se posan los insectos
es rica de matiz y de perfume.

El mal es el teatro en cuyo foro
la virtud, esa trágica, descuella;
es la sibila de palabras de oro,
la sombra que hace resaltar la estrella.

¡Alumbrar es arder! Estro encendido
será el fuego voraz que me consuma!
La perla brota del molusco herido
y Venus nace de la amarga espuma.

Los claros timbres de que estoy ufano
han de salir de la calumnia ilesos.
Hay plumajes que cruzan el pantano
y no se manchan... ¡Mi plumaje es de esos!

¡Fuerzas que sufra mi pasión! La palma
crece en la orilla que el oleaje azota.
El mérito es el náufrago del alma:
vivo, se hunde, pero muerto flota!

Depón el ceño y que tu voz me arrulle!
Consuela el corazón del que te ama!
Dios dijo al agua del torrente: ¡bulle!
y al lirio de la margen: ¡embalsama!

¡Confórmate, mujer! Hemos venido
a este valle de lágrimas que abate,
tú, como la paloma, para el nido,
y yo, como el león, para el combate.

LA ORACION DEL PRESO

¡Señor, tenme piedad, aunque a ti clame
sin fe! ¡Perdona que te niegue o riña
y al ara tienda con bochorno infame!
Vuelvo al antiguo altar. No en vano ciña

guirnaldas un león y deparrame
riesgo que pueda prosperar tu viña!

Líbrame por merced, como te plugo
a Bautista y Apóstol en Judea,
ya que no me suicido ni me fugo!

Inclínate al cautivo que flaquea;
y salvo, como Juan por el verdugo,
o como Pedro por el ángel, sea!

Habito un orco infecto: y en el manto
resulto cebo a chinche y pulga y piojo;
y afuera el odio me calumnia en tanto.

¿Qué mal obré para tamaño enojo?
El honor del poeta es nimbo santo
y la sangre de un vil es fango rojo!

Mi pobre padre cultivó el desierto.
Era un hombre de bien, un sabio artista,
y de vergüenza y de pesar ha muerto!

¡Oh mis querubes! Con turbada vista
columbro ahora el celestial e incierto
grupo que aguarda, y a quien todo atrista!

Y oigo un sordo piar de nido en rama,
un bullir de polluelos ante azores;
y el soplado tizón encumbra llama!

Dios de Israel, acude a mis amores;
y rían a manera de la grama,
que hasta batida por los pies da flores!

VERSOS DE ALBUM

Manuel Gutiérrez Nájera

Princesita de Cuentos de Hadas,
la gentil, la fragante, la esbelta,
¿en qué astro se abrieron tus ojos?
¿De cuál concha brotó la belleza
de tu cuerpo galante y gallardo
como línea de ánfora griega?
¿De las ondas saliste cautiva,
como búcaro fresco de perlas,
o saltaste, temblando de frío,
de la copa de blanca azucena?
¿En qué lirio labraron los genios
ese cuerpo de hada, princesa?

Cuando pasas el aire se entibia
y de aroma suave se impregna,
se estremece de amor el follaje,
palidece la nívea gardenia. ...
Los botones de rosa, encendidos,
en voz baja murmuran: ¡es ella!
¿A qué príncipe estáis prometida?
¿Que castillo en el bosque te espera?
¿Es acaso el de torres de oro?
¿O el ebúrneo del rey de Bohemia?
¿El que tiene diamantes por gradas,
en la ancla, triunfal escalera,

o el palacio de gotas de iris,
que en sus alas los cisnes elevan?
¿Lohengrin, en rayo de luna
baja a verte cautiva, Princesa?
Soñadora de dulce mirada,
de mirada profunda que sueña
y que baja del alma a lo hondo
y en lo hondo del alma se queda,
las venturas, cual blancas palomas,
revolando sumisas, te cercan,
y tu mórbido cuello acarician,
y en tus hombros de nieve aletean
. . .soñadora de dulce mirada.
Y de cuerpo gentil de princesa.

MIS ENLUTADAS

Manuel Gutiérrez Nájera

Descienden taciturnas las tristezas
al fondo de mi alma,
y entumecidas, haraposas brujas,
con uñas negras
mi vida escarban.

De sangre es el color de sus pupilas,
de nieve son sus lágrimas;
hondo pavor infunden. . .; yo las amo

por ser las solas
que me acompañan.

Aguárdolas ansioso, si el trabajo
de ellas me separa,
y búscolas en medio del bullicio.
y son constantes
y nunca tardan.

En las fiestas, a ratos, se me pierden
o se ponen la máscara.
Pero luego las hallo, y así dicen:
—¡Ven con nosotras!
¡Vamos a casa!

Suelen dejarme cuando sonriendo
mis pobres esperanzas
como enfermitas, ya convalecientes,
salen alegres
a la ventana.

Corridas huyen, pero vuelven luego,
y por la puerta falsa
entran trayendo como un nuevo huésped
alguna triste,
lívida hermana.

Abrese a recibirlas la infinita
tiniebla de mi alma,

y van prendiendo en ella mis recuerdos,
cual tristes cirios
de cera pálida.

Entre esas luces, rígido, tendido,
mi espíritu descansa;
y las tristezas, revolando en torno,
lentas salmodias
rezan y cantan.

Escuadriñan del húmedo aposento
rincones covachas,
el escondrijo do guardé, cuitado,
todas mis culpas,
todas mis faltas.

Y hurgando mudas, como hambrientas
                              [lobas,
las encuentran, las sacan,
y volviendo a mi lecho mortuorio
me las enseñan
y dicen: —Habla.

En lo profundo de mi ser bucean,
pescadoras de lágrimas,
y vuelven mudas con las negras conchas
en donde brillan
gotas heladas.

74

A veces me revuelvo contra ellas
y las muerdo con rabia,
como la niña desvalida y mártir
muerde a la arpía
que la maltrata.

Pero enseguida, viéndose impotente,
mi cólera se aplaca;
¡Qué culpa tienen, pobres hijas mías,
si yo las hice
con sangre y alma!

Venid, tristezas de pupila turbia;
venid, mis enlutadas,
las que viajáis por la infinita sombra
donde está todo
lo que se ama.

Vosotras no engañáis; venid, tristezas,
¡oh mis criaturas blancas,
abandonadas por la madre impía,
tan embustera,
por la esperanza!

Venid y habladme de las cosas idas,
de las tumbas que callan,
de muertos buenos y de ingratos vivos.
Voy con vosotras.
Vamos a casa.

LA DUQUESA JOB

Manuel Gutiérrez Nájera

En dulce charla de sobremesa,
mientras devoro fresa tras fresa,
y abajo ronca tu perro Bob,
te haré el retrato de la duquesa
que adora a veces al duque Job.

No es la condesa que Villasana
caricatura, ni la poblana
de enagua roja que Prieto amó;
no es la criadita de pies nudosos,
ni la que sueña con los gomosos
y con los galos de Micoló.

Mi duquesita, la que me adora,
no tiene humos de gran señora:
es la griseta de Paul de Kock.
No baila Boston, y desconoce
de las carreras el alto goce
y los placeres del five o'clock.

Pero ni el sueño de algún poeta,
ni los querubes que vio Jacob,
fueron tan bellos cual la coqueta
de ojitos verdes, rubia griseta,
que adora a veces el duque Job.

Si pisa alfombras, no es en su casa;
si por Plateros alegre pasa
y la saluda Madam Marnat,
no es, sin disputa, porque la vista,
sí porque a casa de otra modista
desde temprano rápido va.

No tiene alhajas mi duquesita;
pero es tan guapa, y es tan bonita,
y tiene un cuerpo tan v'lan, tan pschutt;
de tal manera trasciende a Francia,
que no la igualan en elegancia
ni las olientes de Hélène Kosut.

Desde las puertas de la Sorpresa
hasta la esquina del Jockey Club,
no hay española, yanqui o francesa,
ni más bonita, ni más traviesa
que la duquesa del duque Job.

¡Cómo resuena su taconeo
en las baldosas! ¡Con qué meneo
luce su talle de tentación!
Con qué airecito de Aristocracia
mira a los hombres, y con qué gracia
frunce los labios. ¡Mimí Pinsón!

Si alguien la alcanza, si la requiebra,
ella ligera como una cebra,

sigue camino del almacén;
pero ¡ay del tuno si alarga el brazo!
¡nadie lo salva del sombrillazo
que le descarga sobre la sien!

¡No hay en el mundo mujer más linda!
Pie de andaluza, boca de guinda,
espirit rociado de Veuve Clicquot;
talle de avispa, cutis de ala,
ojos traviesos de colegiala
como los ojos de Louise Theó!

Agil, nerviosa, blanca, delgada,
gola de encaje, corse de crac
media de seda bien estirada,
nariz pequeña garbosa, cuca,
rizos tan rubios como el coñac.

Sus ojos verdes bailan el tango;
nada hay más bello que el arremango
provocativo de su nariz.
Por ser tan joven y tan bonita,
cual mi sedosa, blanca gatita,
diera sus pajes la emperatriz.

¡Ah!, tú no has visto, cuando se peina,
sobre sus hombros de rosa reina
caer los rizos en profusión.
¡Tú no has oído qué alegre canta,

mientras sus brazos y su garganta
de fresca espuma cubre el jabón!

¡Y los domingos!... ¡Con qué alegría
oye en su lecho bullir el día,
y hasta las nueve quieta está!
¡Cuál se acurruca la perezosa,
bajo la colcha color de rosa,
mientras a misa la criada va!

La breve cofia de blanco encaje
cubre sus rizos, el limpio traje
aguarda encima del canapé;
altas, lustrosas y pequeñitas,
sus puntas muestran las dos botitas,
abandonadas del catre al pie.

Después, ligero, del lecho brinca.
¡Oh quién la viera cuando se hinca
blanca y esbelta sobre el colchón!
¿Qué valen junto de tanta gracia
las niñas ricas, la aristocracia,
ni mis amigas de catillón?

Toco; se viste; me abre; almorzamos;
con apetito los dos tomamos
un par de huevos y un buen bistec,
media botella de rico vino,
y en coche juntos, vamos camino
del pintoresco Chapultepec.

Desde las puertas de la Sorpresa
hasta la esquina del Jockey Club,
no hay española, yanqui o francesa,
ni más bonita ni más traviesa
que la duquesa del duque Job.

¡CARRETERO!

Ruben C. Navarro

Por el polvoso camino
va la carreta chirriando...
y, en la cimera de un pino,
¡un pájaro está rimando
el Madrigal de su trino...!
. . . .
—¡Carretero...! ¡Carretero,
que vas alegre cantando
por el polvoso camino!
¡Preciso es ir más ligero
que tu ausencia está penando
la chica de tu vecino...!

¿Qué si la vi...? ¿cómo...? ¿cuándo...?
¡Al pasar...! Estaba echando
granos de oro en el molino,
y, por tu ausencia, penando,
con los ojos escrutando

la cinta gris del camino...
Di ilusiones, esperanzas,

¡Dichoso tú, carretero,
que por más que llegues tarde,
siempre hallarás quien te guarde!
...¡Dichoso tú, carretero...!

Yo voy por este camino,
caminando, caminando...
sin saber cómo ni cuándo
mitigará mi destino
las penas que voy penando...

Yo no tengo quien me quiera
como a ti... ¡Qué triste es eso...!
¡Yo no sé lo que es un beso
de la Novia pasajera,
que se brinda con sonrojos
y que embriaga como el vino,
ni he soñado con la espera,
que se brindacon sonrojos
y que embriaga como el vino,
ni he soñado con la espera
de una linda molinera,
que interroga con los ojos
el misterio del camino!
¡Yo no sé lo que es un beso...!

—¡Qué triste... qué triste es eso...!
. . . .

Por el polvoso camino
va la carreta chirriando...
Yo estoy, a solas, pensando,
cómo y cuándo
mitigará mi destino
las penas que voy penando...
...y, en la cimera de un pino,
¡sigue un pájaro rimando
el Verso Azul de su trino!

EL GRAN GALEOTO

Juan de Dios Peza

Margot está en el balcón
con medio cuerpo hacia afuera,
yo de pies sobre la acera,
dándole conversación.
—Di: ¿qué quieres, hija mía?
—Irme contigo.

—No puedes;
te mando que en casa te quedes,
las niñas salen de día.
—De noche no

—No.
—¿Por qué?

—Porque no... ya lo sabrás.
—¿Pero tú adónde vas?
—Al teatro y al café.
—Al teatro. ¿Y es bonita
la comedia?

         —Mucho, sí...

—Entonces llévame allí,
voy a bajar...

         —¡Margarita!

—¿Y al café cuándo te vas?
—Muy tarde, a la media noche.
—Bien, pues iremos en coche,
así sí me llevarás.
—De noche no puedes ir
ni al teatro ni al café...
—¿Espantan?

         —No
       —Pues, ¿por qué?

—Porque no puedes salir.
—Pero di: por qué no puedo.
—Está oscura la ciudad.
—Dices que a la oscuridad
nunca se le tiene miedo.
—Traeré dulces al volver.
—¿Todos serán para mí?
—Todos.

     —¿Pero todos?
       —Todos, mujer.

—¿De veras?

—¡Sí!

—Así me quedo contenta.
—Bien, pues entra que hace frío...
—¿Te vas?

—Me voy ángel mío.

—Mis dulces...

—Calla, avarienta.

—¿Qué dices?

—Nada, tesoro,
que ya me voy, nada escucho.
—¿Me quieres?

—¡Te quiero mucho!

Y tú ¿me quieres?

—¡Te adoro!

—Soy obediente.

—Por eso
vives ya tan consentida.
Un beso...

—Toma, mi vida.

Pasaban a la sazón
varias gentes por la acera,
y al oír de tal manera
cortar la conversación,
nos juzgan pechos de lava
que laten de amor en pos,
y dicen: ¡Vaya! ¡Son dos
que están pelando la pava!

PUESTA DE SOL

Luis G. Urbina

Por la calle solitaria
cuyo término confuso
vagamente se deslíe
en el oro del crepúsculo,
silencioso y pensativo
como siempre, voy sin rumbo
enhebrando fantasías
en el aire azul y puro.
Tranquila está la barriada,
los talleres están mudos,
no se ven las chimeneas
empenachadas de humo,
y, a lo lejos, de las fábricas
salen, alegres, los últimos
obreros que se atropellan
en caprichoso tumulto,
y cuyas blusas azules
borda el sol de hilos purpúreos.
Yo, callado y pensativo
como siempre, voy sin rumbo.

Mas, de pronto, me detengo,
mis quimeras interrumpo
y las vanas fantasías
del pensamiento acudo,

para ver curiosamente
a dos chicuelos: un grupo
adorable, que cabría
en una canción de Hugo.
El la llama, y ella acude,
se hablan bajo, y así juntos,
siéntense en los escalones
del portón, al pie del muro;
y en una seriedad cómica,
ella grave y él adusto
principia la confidencia
mas deliciosa del mundo.
¡Oh viejo pintor de niños
que andas en busca de asunto!
mira: la luz pone toques
divinos a este conjunto.
En el fondo, de sillares
ensalitrados y húmedos,
rojos y recién lavados
por la lluvia, se ven puntos
de tan diversos matices
—vivos, opacos, obscuros—
que en el policromo ambiente
de tonos suaves y crudos,
la pared arlequinesca
que, a trechos, ornan los musgos,
parece lienzo manchado,

traviesamente, con grumos
de color. —Una parásita
en los ladrillos desnudos
hinca su ramaje como
los tentáculos de un pulpo;
y entre la maraña verde
un juguetón rayo súbito
prende un rubí diminuto.
Y en la fantasmagoría
de la luz, que hace del muro
inconcebibles mosaicos
y deslumbrantes estucos,
los dos muchachos semejan,
—en medio de tanto lujo—
dos príncipes del oriente
en espera de sus súbditos.

¡Qué tocado de diamantes
en el ceniciento rubio
del cabello de la niña!
¡Qué reluciente y qué fúlgido
el toisón que arde en el pecho
del rapaz! ¡y qué conjunto
áureas telas y tisúes
sobre los harapos sucios!
¡Oh buen sol, hábil joyero,
sol de abril, sol moribundo!
¡Andrajosa reinecita

que vistió la luz; y cuyo
corpiño de resplandores
cubre el talle y ciñe el busto!
¡Duquesito del arroyo,
Buckingham que el cielo tuvo
a bien ataviar sus sedas
y brocados del crepúsculo.
Tú, ¿qué cuentas? Tú, ¿qué oyes?
Tú, ¿la grave? Tú, ¿el adusto?...
Yo me acerco poco a poco
y curiosamente escucho.

La barriada está tranquila;
los talleres están mudos.
¡Bien muchacho! —Fuiste al bosque
y corriste mucho, mucho,
y flores y mariposas
le traes... ¡lindo tributo!
Tu gorra de saltimbanco
—hecha una criba— es refugio
de caléndulas, de lirios,
y de rosas, donde, ocultos,
se agitan entre los pétalos
los cuerpecitos convulsos
de las pobres mariposas
heridas. Hundes los puños,
y narrando tus proezas,
alzas, con heroico orgullo,

tu presente de perfumes
y de alas... Y el tributo,
va cayendo, va cayendo,
del aire sereno y puro
a la falda de la niña
que oye con asombro mudo,
la historia de su aventura,
mientras fijos en un punto,
miran cosas invisibles
sus ojos meditabundos.

Cuando mi presencia notan,
ella inquieta, y él ceñudo,
parecen decirme: —¡Vamos,
nos estorbas, vete, intruso!
Y yo me alejo sin pena
porque dejar solo es justo
a Buckingham de siete años
con Ana de Austria de un lustro.
y pienso: Yo también tuve
aventuras, y dí muchos
presentes de alas y flores,
y fui amado y tuve orgullo,
fe, ternuras, con el único
placer de posar los labios
en unos cabellos rubios.
Un coloquio de chiquillos
fue mi amor...

Y taciturno,
solitario, pensativo
como siempre, voy sin rumbo
por la calle silenciosa
cuyo término confuso
vagamente se deslíe
en el oro del crepúsculo.

A SOLAS

Luis G. Urbina

Yo soy muy pobre, pero un tesoro
guardo en el fondo de mi baúl:
una cajita color de oro
que ata un brillante listón azul.
La abro ¿que tiene?... Hojas de rosas,
secas reliquias de un viejo amor,
alas sin polvo, de mariposas
mirtos, gardenias y tuberosas;
¡muchos recuerdos en cada flor!

El amuleto que ató a mi cuello
mi santa madre cuando marché;
el blondo rizo de aquel cabello
que tantas veces acaricié.
¡Cómo me alegra la fecha escrita
en esta opaca cruz de marfil!

¡Ah, virgen mía, mi virgencita,
aquí conservo la margarita
que deshojaste pensando en mí!

¡Cuántos recuerdos de lo pasado!
¡Cuántas escenas miro volver!

Me siento joven y enamorado,
feliz y bueno como era ayer.
Veo mis bosques y mis colinas,
mi triste pueblo, mi pobre hogar,
y hasta el enjambre de golondrinas
que hizo su nido en las ruinas
de la parroquia de mi lugar!

Si alguna oculta pena me agobia
leo las cartas que guardo allí;
las de mi madre, las de mi novia;
dos almas buenas que ya perdí.
Sus torpes lazos mi fe desata,
y entonces oigo —¡dulce ilusión!—
cantos de ángel, música grata,
suaves preludios de serenata,
ruidos de alas en mi balcón.

Mientras su duro rigor no ablande
la suerte impía, negra y fatal,
yo no conozco dicha más grande

que la que siento con recordar.
Ser consolado: ¡qué gran anhelo!
¡Entre tinieblas soñar con luz,
pisar abrojos y ver el cielo,
sentir dolores y hallar consuelo
en las memorias de juventud!

Están ya secas las tuberosas
como está seco mi corazón,
y desteñidas las mariposas
como las alas de la ilusión.
Y sin embargo, sonrío y lloro
si miro el fondo mi gran tesoro:
una cajita color de oro
que ata un brillante listón azul.

Y LA MIRE PARTIR

Luis G. Urbina

Y la miré partir. Fue un vivo
instante lleno de emoción.
Me quedé mudo y pensativo.
Era la última ilusión.
Lucía el mar todas sus galas:
nieve y cristal, oro y zafir.
Mi corazón cerró las alas
como ave ansiosa de dormir.

Drama de luz triste y augusto
iba al ocaso a fenecer.
Mi alma sufría en el adusto
silencio del atardecer.
La onda azul, blanca la estela;
una florida embarcación,
y un horizonte y una vela...
¡Se fue llorando, la ilusión!
Ni amor, ni ensueño, ni alegría.
¿Cómo vivir? ¿Cómo cantar,
abandonada poesía,
si hasta el dolor nos va a dejar?...
La sombra inmensa se extendía,
y me quedé mirando el mar...

EL PERRO

Manuel José Othón

No temas, mi señor: estoy alerta
mientras tú de la tierra te desligas
y con el sueño tu dolor mitigas,
dejando el alma a la esperanza abierta.

Vendrá la aurora y te diré: Despierta,
huyeron ya las sombras enemigas.
Soy compañero fiel en tus fatigas
y celoso guardián junto a tu puerta.

Te avisaré del rondador nocturno,
del amigo traidor, del lobo fiero
que siempre anhelan encontrarme inerme.

Y, si llega con paso taciturno
la muerte, con mi aullido lastimero
también te avisaré... ¡Descansa y duerme!

¡MADRE!

Manuel José Othón

¡Madre! Religión del alma,
diosa que por culto tiene
el amor que se mantiene
en el templo del hogar,
que sólo tiene por flores
las impresiones sagradas
que forman con sus oleadas
el incienso de su altar.

¡Madre! Sacrosanto nombre,
puro emblema de consuelo
y que encierra todo un cielo
de esperanzas y de amor.
Blanca estrella que fulgura,
en la noche de la vida,
disipando bendecida
las tinieblas del dolor.

94

Angel que con blancas alas
atraviesa por el suelo,
haciendo del mundo un cielo
y del cual vamos en pos.
Luz que alumbra con sus rayos
este abismo de dolores,
remedando los fulgores
de las sonrisas de Dios...

¡Ah! ¡Cómo cantar mi labio
tu grandeza sacrosanta!
¡Mi labio que sólo canta
de la vida el azahar!..
Pero no; mi labio calla,
mas ya está regenerado,
pues quedó santificado
tu nombre con pronunciar.

A TRAVES DE LA LLUVIA

Manuel José Othón

Llueve. Del sol glorioso
los rayos fulgurantes
refléjense en el agua,
cual sobre níveo tul.
Topacios encendidos
y diáfanos brillantes
destilan temblorosos,
rayando el cielo azul.

El oro de la tarde
bañado por la lluvia,
inunda todo el éter,
espléndido y triunfal;
sacude sobre el campo
su cabellera rubia,
para empaparlo en gotas
de fúlgido cristal.

La aldea, allá a lo lejos,
detrás del sembradío,
del impalpable velo
que cúbrela, a través,
su blanca torre muestra,
su alegre caserío,
enamorada siempre
del aire montañés.

Se escapan del ardiente
fogón de los jacales
penachos criniformes
de cándido algodón,
que luego desmenuzan
los vientos boreales,
prendiéndoles al pico
más alto del peñón.

Agita gravemente
sobre la verde falda,

sus cien robustos brazos
el índico nopal,
que siente coronarse
sus pencas de esmeralda
por tunas cremecinas
de grana y de coral.

Para pintar las cumbres
el sol, divino artista,
aglomeró colores
de audaz entonación:
azul de lapislázuli,
violáceo de amatista
y rojo flamante
de ardiente bermellón.

La lluvia, que gotea
en perlas virginales,
enciende más los vivos
matices de la luz:
el sepia en los troncones,
el flavo en los jacales
y el glauco en la colgante
melena del saúz.

Son carne las canteras,
las lajas obsidiana,
es mármol y alabastro

travieso duendecillo
que el fósforo engendró.

—¡Oh, lluvia alegre y buena!
tras tu fulgente velo,
ebria de luz y vida,
ve el alma aparecer
el aire alborozado,
y esplendoroso el cielo,
y el campo rebosante
de amor y de placer.

Y puede, tras sus gasas
flotantes y ligeras,
mirar, allá a lo lejos,
el labrador feliz,
cubiertas las campiñas
de blondas sementeras,
repletos los graneros
de trigo y de maíz..

¡Oh lluvia, no decrezcas!
fecunda las simientes
que bajo el hondo surco
ya germinando están;
que son tus diminutos
aljófares lucientes,
para los campos, gloria;
para los pobres, pan.

GUADALUPE

A· ,do Nervo

Con su escolta de rancheros,
diez fornidos guerrilleros, y en su cuaco retozón
que la rienda mal aplaca.
Guadalupe la chinaca va a buscar a Pantaleón.

Pantaleón es su marido,
el gañán más atrevido con las bestias y en el lid;
faz trigueña, ojos de moro,
y unos músculos de toro y unos ímpetus de Cid.

Cuando mozo fue vaquero,
y en el monte y el potrero la fatiga le templó
para todos los reveses,
y es terror de los franceses, y cien veces lo probó.

Con su silla plateada,
su chaqueta alhmarada, su vistoso cachirul
y la lanza de cañutos,
cabalgando pencos brutos ¡qué gentil se ve el
                                          [gandul!

Guadalupe está orgullosa
de su prieto: ser su esposa le parece una ilusión,
y al mirar que en la pelea
Pantaleón no se pandea grita: ¡viva Pantaleón!
Ella cura a los heridos

Ingenua como el agua, diáfana como el día,
rubia y nevada como margaritas sin par,
al influjo de su alma celeste, amanecía. . .
Era llena de gracia como el Avemaría:
quien la vio no la pudo ya jamás olvidar.

Cierta dulce y amable dignidad la investía
de no sé que prestigio lejano y singular.
Más que muchas princesas, princesa parecía:
Era llena de gracia como el Avemaría:
quien la vio no la pudo ya jamás olvidar.

Yo gocé el privilegio de encontrarla en mi vía
dolorosa: por ella tuvo fin mi anhelar,
y cadencias arcanas halló mi poesía.
Era llena de gracia como el Avemaría:
quien la vio no la pudo ya jamás olvidar.

¡Cuánto, cuánto la quise! Por diez años fue mía:
¡pero flores tan bellas nunca pueden durar!
Era llena de gracia como el Avemaría:
y a la Fuente de Gracia, de donde procedía,
se volvió. . . como gota que vuelve a la mar!

A KEMPIS

Amado Nervo

Ha muchos años que busco el yermo,
ha muchos años que vivo triste,
ha muchos años que estoy enfermo,
¡y es por el libro que tú escribiste!

¡Oh Kempis!, antes de leerte amaba
la luz, las vegas, el mar océano;
mas tú dijiste que todo acaba,
que todo muere, que todo es vano.

Antes, llevado de mis antojos,
besé los labios que al beso invitan,
las rubias trenzas, los grandes ojos,
¡sin acordarme que se marchitan!
Mas como afirman doctores graves
que tú, maestro, citas y nombras,
que el hombre pasa como las naves,
como las nubes, como las sombras. . .,

huyo de todo terreno lazo,
ningún cariño mi mente alegra,
y con tu libro bajo el brazo
voy recorriendo la noche negra. . .

mi divino ideal está en la cumbre,
y yo, pobre de mi, yazgo en la cima...

La lira que me diste, entre las mofas
de los mundanos, vibra sin concierto;
¡se pierden en la noche mis estrofas,
como el grito de Agar en el desierto!

Y paria de la dicha y solitario,
siento hastío de todo cuanto existe...
Yo, maestro, cual tú, subo al Calvario,
y no tuve Tabor, cual lo tuviste...

Ten piedad de mi, dura es mi pena,
numerosas las lides en que lucho;
fija en mi tu mirada que serena,
y dame, como un tiempo a Magdalena,
la calma: ¡yo también he amado mucho!

A UNA ROSA

Sor Juana Inés de la Cruz

¿Ves de tu candor que apura
al alba el primer albor?
Pues tanto el riesgo es mayor
cuanto es mayor la hermosura.
No vivas de ella segura
que si consientes, errada,

que te corte mano osada
por gozar beldad y olor,
en perdiéndose el color
también serás desdichada.

AL QUE INGRATO ME DEJA

Sor Juana Inés de la Cruz

Al ingrato que me deja, busco, amante;
al que amante me sigue, dejo ingrata;
constante adoro a quien mi amor maltrata;
maltrato a quien mi amor busca constante.

Al que trato de amor hallo diamante,
y soy diamante al que de amor me trata;
triunfante quiero ver al que me mata,
y mato al que me quiere ver triunfante.

Si a este pago, padece mi deseo;
si ruego a aquel, mi pundonor enojo;
de entre ambos modos infeliz me veo.

Pero yo por mejor partido escojo,
de quien no quiero ser violento empleo,
que de quien no me quiere vil despojo.

aunque cualquiera mal haga,
la que peca por la paga
o el que paga por pecar?
Pues ¿para qué os espantáis
de la culpa que tenéis?
Queredlas cual las hacéis
o hacedlas cual las buscáis.
Dejad de solicitar
y después, con más razón,
acusaréis la afición
de la que os fuere a rogar.
Bien con muchas armas fundo
que lidia vuestra arrogancia,
pues en promesa e instancia
juntáis diablo, carne y mundo.

SONETO

Sor Juana Inés de la Cruz

Detente, sombra de mi bien esquivo,
imagen del hechizo que más quiero,
bella ilusión por quien alegre muero
dulce ficción por quien penoso vivo.

Si al imán de tus gracias atractivo
sirve mi pecho de obediente acero
¿para qué me enamoras lisonjero
si has de burlarme luego, fugitivo?

Mas blasonar no puedes satisfecho
de quien triunfa de mí tu tiranía;
que aunque dejes burlado el lazo estrecho
que tu sombra fantástica ceñía,
poco importa burlar lazos y pecho
si te labra prisión mi fantasía.

EL ALBA EN LA GALLERA

José Juan Tablada

Al alba los gallos norteños
Cantan en sordina y en sueños.

Para el kikirikí
De los gallos del Sur
Las estrellas del alba son granos de maíz
Del cielo en la plazuela escampada y azul..

Clarinería. Clangor.
Por la clarinada superior
Cada clarín porfía.

Diana de la Gallera,
Tempranero rumor
De un Regimiento de Caballería...

De noche cuando el último
Castillo se ha quemado,
Sentimos entre sueños,
Solferinos, azules y blancos
Cohetes voladores
Cuando cantan los gallos...

En tu insomnio, alma llena de feria,
¿No oíste cantar a aquel gallo
Que arrojaba al cielo las onzas
Del Siete de Oros?...

Yo miré ese nocturno albur y luego vi
Cayendo en la negrura del espacio
En polvo de oro y bruma de topacio,
Las cuatro notas del kikirikí...

Gallera sinfónica,
Entre tus clarines estridentes o roncos
Se fuga un azorado relincho
Como la estampida del potro,

Y domésticos o rurales
Discurren los otros rumores
De la mañana pueblerina,
Leyes, como el agua que corre...

EL LORO

Loro idéntico al de mi abuela
funambulesca voz de la cocina,
del comedor y de la azotehuela.

No bien el sol ilumina,
lanza el loro su grito
y su áspera canción
con el asombro del gorrión
que sólo canta **El Joselito**...

   De la cocinera se mofa
colérico y gutural,
y de paso apostrofa
a la olla del nixtamal.

Cuando pisándose los pies
el loro cruza el suelo de ladrillo,
del gato negro hecho un ovillo
el ojo de ámbar lo mira

y un azufre diabólico recela
contra ese incubo verde y amarillo,
¡la pesadilla de su duermevela!

¡Mas de civilización un tesoro
hay en la voz

de este super-loro
de 1922!

Finge del aeroplano el ron-ron
a la estridencia del klaxón. . .
Y ahogar quisiera con su batahola
la música rival de la victrola. . .

En breve teatro proyector de oro,
de las vigas al suelo, la cocina
cruza un rayo solar de esquina a esquina
y afoca y nimba al importante loro. . .

Pero a veces, cuando lanza el jilguero
la canción de la selva en abril,
el súbito silencio del loro parlero
y su absorta mirada de perfil,
recelan una melancolía
indigna de su plumaje verde. . .
¡Tal vez el gran bosque recuerde
a la cóncava selva sombría!

¡En tregua con la cocinera
cesa su algarabía chocarrera,
tórnase hosco y salvaje! . .

¡El loro es sólo un gajo de follaje
con un poco de sol en la mollera!

TIERRA MOJADA

Ramón López Velarde

Tierra mojada de las tardes líquidas
en que la lluvia cuchichea
y en que se reblandecen las señoritas, bajo
el redoble del agua en la azotea...

Tierra mojada de las tardes olfativas
en que un afán misántropo remonta las
                                        [lascivas
soledades del éter, y en ellas se desposa
con la ulterior paloma de Noé;
mientras se obstina el tableteo
del rayo, por la nube cenagosa...

Tarde mojada, de hábitos labriegos,
en la cual reconozco estar hecho de barro,
porque en sus llantos veraniegos,
bajo el auspicio de la media luz,
el alma se licúa sobre los clavos
de su cruz...

Tardes en que el teléfono pregunta
por consabidas náyades arteras,
que salen del baño al amor
a volcar en el lecho las fatuas cabelleras

y a balbucir, con alevosía y con ventaja,
húmedos y anhelantes monosílabos,
según que la llovizna acosa las vidrieras...

Tardes como una alcoba submarina
con su lecho y su tina;
tardes en que envejece una doncella
ante el brasero exhausto de su casa,
esperando a un galán que le lleve una
[brasa;

tardes en que descienden
los ángeles, a arar surcos derechos
en edificantes barbechos;
tardes de rogativa y de cirio pascual;
tardes en que el chubasco
me induce a enardecer a cada una
de las doncellas frígidas con la brasa opor-
[tuna;

tardes en que, oxidada
la voluntad, me siento
acólito del alcanfor,
un poco pez espada
y un poco San Isidro Labrador...

HORMIGAS

A la cálida vida que trascurre canora
con garbo de mujer sin letras ni antifaces,

a la invicta belleza que salva y que enamora,
responde, en la embriaguez de la encantada hora,
un encono de hormigas en mis venas voraces.

Fustigan el desmán del perenne hormigueo
el pozo del silencio y el enjambre del ruido,
la harina rebanada como doble trofeo
en los fértiles bustos, el Infierno en que creo,
el estertor final y el preludio del nido.
Mas luego mis hormigas me negarán su abrazo
y han de huir de mis pobres y trabajados dedos
cual se olvida en la arena un gélido bagazo;
y tu boca, que es cifra de eróticos denuedos,
tu boca, que es mi rúbrica, mi manjar y mi adorno,
tu boca, en que la lengua vibra asomada al mundo
como réproba llama saliéndose de un horno,
en una turbia fecha de cierzo gemebundo
en que ronde la luna porque robarte quiera,
ha de oler a sudario y a hierba machacada,
a droga y a responso, a pabilo y a cera.

Antes de que deserten mis hormigas, Amada,
déjalas caminar camino de tu boca
a que apuren los viáticos del sanguinario fruto
que desde sarracenos oasis me provoca.

Antes de que tus labios mueran, para mi luto,
dámelos en el crítico umbral del cementerio
como perfume y pan y tósigo y cauterio.

SUAVE PATRIA

Proemio

Yo que sólo canté de la exquisita
partitura del íntimo decoro,
alzo hoy la voz a la mitad del foro
a la manera del tenor que imita
la gutural modulación del bajo,
para cortar a la epopeya un gajo.

Navegaré por las olas civiles
con remos que no pesan, porque van
como los brazos del correo Chuan
que remaba la Mancha con fusiles.

Diré con una épica sordina:
la Patria es impecable y diamantina.

Suave Patria: permite que te envuelva
en la más honda música de selva
con que me modelaste por entero
al golpe cadencioso de las hachas,
entre risas y gritos de muchachas
y pájaros de oficio carpintero.

Primer Acto

Patria: tu superficie es el maíz,
tus minas el palacio del Rey de Oros,

y tu cielo las garzas en desliz
y el relámpago verde de los loros.

El Niño Dios te escrituró un establo
y los veneros de petróleo el diablo.

Sobre tu Capital, cada hora vuela
ojerosa y pintada, en carretela;
y en tu provincia, del reloj en vela
que rondan los palomos colipavos,
las campanadas caen como centavos.

Patria: tu mutilado territorio
se viste de percal y de abalorio.
Suave Patria: tu casa todavía
es tan grande, que el tren va por la vía
como aguinaldo de juguetería.

Y en el barullo de las estaciones,
con tu mirada de mestiza, pones
la inmensidad sobre los corazones.

¿Quién, en la noche que asusta a la rana,
no miró, antes de saber del vicio,
del brazo de su novia, la galana
pólvora de los fuegos de artificio?

Suave Patria: en tu tórrido festín
luces policromías de delfín,

y con tu pelo rubio se desposa
el alma, equilibrista chuparrosa,
y a tus dos trenzas de tabaco, sabe
ofrendar aguamiel toda mi briosa
raza de bailadores de jarabe.

Tu barro suena a plata, y en tu puño
su sonora miseria es alcancía;
y por las madrugadas del terruño,
en calles como espejos, se vacía
el santo olor de la panadería.

Cuando nacemos, nos regalas notas;
después, un paraíso de compotas,
y luego te regalas toda entera,
suave Patria, alacena y pajarera.

Al triste y al feliz dices que sí,
que en tu lengua de amor prueban de ti
la picadura del ajonjolí.

¡Y tu cielo nupcial, que cuando truena
de deleites frenéticos nos llena!

Trueno de nuestras nubes, que nos baña
de locura, enloquece a la montaña,
requiebra a la mujer, sana al lunático,
incorpora a los muertos, pide el Viático,

y al fin derrumba las madererías
de Dios, sobre las tierras labrantías.

Trueno del temporal: oigo en tus quejas
crujir los esqueletos en parejas;
oigo lo que se fue, lo que aún no toco,
y la hora actual con su vientre de coco.
Y oigo en el brinco de tu ida y venida,
¡oh, trueno!, la ruleta de mi vida.

Intermedio

(Cuauhtémoc)

Joven abuelo: escúchame loarte,
único héroe a la altura del arte.

Anacrónicamente, absurdamente,
a tu nopal inclínase el rosal;
al idioma del blanco, tú lo imantas
y es surtidor de católica fuente
que de responsos llena el victorial
zócalo de ceniza de tus plantas.

No como a César el rubor patricio
te cubre el rostro en medio del suplicio;
tu cabeza desnuda se nos queda,
hemisféricamente, de moneda.

Moneda espiritual en que se fragua
todo lo que sufriste: la piragua
prisionera, el azoro de tus crías,
el sollozar de tus mitologías,
la Malinche, los ídolos a nado,
y por encima, haberte desatado
del pecho curvo de la emperatriz
como del pecho de una codorniz.

Segundo Acto

Suave Patria: tú vales por el río
de las virtudes de tu mujerío.
Tus hijas atraviesan como hadas,
o destilando un invisible alcohol,
vestidas con las redes de tu sol,
cruzan como botellas alambradas.

Suave Patria: te amo no cual mito,
sino por tu verdad de pan bendito,
como a niña que asoma por la reja
con la blusa corrida hasta la oreja
y la falda bajada hasta el huesito.

Inaccesible al deshonor, floreces;
creeré en ti mientras una mexicana
en su tápalo lleve los dobleces

de la tienda, a las seis de la mañana,
y al estrenar su lujo, quede lleno
el país, del aroma del estreno.

Como la sota moza, Patria mía,
en piso de metal, vives al día,
de milagros, como la lotería.

Tu imagen, el Palacio Nacional,
con tu misma grandeza y con tu igual
estatura de niño y de dedal.

Te dará, frente al hambre y al obús,
un higo San Felipe de Jesús.

Suave Patria, vendedora de chía:
quiero raptarte en la cuaresma opaca,
sobre un garañón, y con matraca,
y entre los tiros de la policía.

Tus entrañas no niegan un asilo
para el ave que el párvulo sepulta
en una caja de carretes de hilo,
y nuestra juventud, llorando, oculta
dentro de ti, el cadáver hecho poma
de aves que hablan nuestro mismo idioma.

Si me ahogo en tus julios, a mí baja

desde el vergel de tu peinado denso
frescura de rebozo y de tinaja:
y si tirito, dejas que me arrope
en tu respiración azul de incienso
y en tus carnosos labios de rompope.

Por tu balcón de palmas bendecidas
el Domingo de Ramos, yo desfilo
lleno de sombra, porque tú trepidas.

Quieren morir tu ánima y tu estilo.
cual muriéndose van las cantadoras
que en las ferias, con el bravío pecho
empitonando la camisa, han hecho
la lujuria y el ritmo de las horas.

Patria, te doy de tu dicha la clave:
sé siempre igual, fiel a tu espejo diario;
cincuenta veces es igual el ave
taladrada en el hilo del rosario,
y es más feliz que tú, Patria suave.

Sé igual y fiel; pupilas de abandono;
sedienta voz, la trigarante faja
en tus pechugas al vapor; y un trono
a la intemperie, cual una sonaja:
la carreta alegórica de paja.

ESTUDIO

Carlos Pellicer

Jugaré con las casas de Curazao,
pondré el mar a la izquierda
y haré más puentes movedizos.
¡Lo que diga el poeta!
Estamos en Holanda y en América
y es una isla de juguetería,
con decretos de reina
y ventanas y puertas de alegría.
Con las cuerdas de la lira
y los pañuelos del viaje,
haremos velas para los botes
que no van a ninguna parte.
La casa de gobierno es demasiado pequeña
para una familia holandesa.
Por la tarde vendrá Claude Monet
a comer cosas azules y eléctricas.
Y por esa callejuela sospechosa
haremos pasar la **Ronda** de Rembrandt.
...pásame el puerto de Curazao!
　　isla de juguetería,
　　con decretos de reina
　　y ventanas y puertas de alegría.

DESEOS

Trópico, para qué me diste
las manos llenas de color.
Todo lo que yo toque
se llenará de sol.
En las tardes sutiles de otras tierras
pasaré con mis ruidos de vidrio tornasol.
Déjame un solo instante
dejar de ser grito y color.
Déjame un solo instante
cambiar de clima el corazón,
beber la penumbra de una cosa desierta,
inclinarme en silencio sobre un remoto
                              [balcón,
ahondarme en el manto de pliegues finos,
dispensarme en la orilla de una suave de-
                              [voción,
acariciar dulcemente las cabelleras lacias
y escribir con un lápiz muy fino mi medi-
                              [tación.
¡Oh, dejar de ser un solo instante
el Ayudante de Campo del sol!
¡Trópico, para qué me diste
las manos llenas de color!

NOCTURNO

No tengo tiempo de mirar las cosas
como yo lo deseo.
Se me escurren sobre la mirada
y todo lo que veo
son esquinas profundas rotuladas con radio
donde leo la ciudad para no perder tiempo.
Esta obligada prisa que inexorablemente
quiere entregarme el mundo con un dato pequeño.
¡Este mirar urgente y esta voz en sonrisa
para un joven que sabe morir por cada sueño!
No tengo tiempo de mirar las cosas,
casi las adivino.
Una sabiduría ingénita y celosa
me da miradas previas y repentinos trinos.
Vivo en doradas márgenes; ignoro el central gozo
de las cosas. Desdoblo siglos de oro en mi ser.
Y acelerando rachas —quilla o ala de oro—,
repongo el dulce tiempo que nunca he de tener.

MUERTE SIN FIN

(Fragmentos)

José Gorostiza

I

Lleno de mí, sitiado en mi epidermis,
por un dios inasible que me ahoga,
mentido acaso
por su radiante atmósfera de luces
que oculta mi conciencia derramada,
mis alas rotas en esquirlas de aire,
mi torpe andar a tientas por el lodo;
lleno de mí —ahíto— me descubro
en la imagen atónita del agua,
que tan sólo es un tumbo inmarcesible,
un desplome de ángeles caídos
a la delicia intacta de su peso,
que nada tiene
sino la cara en blanco,
hundida a medias, ya, como una risa agónica,
en las tenues holandas de la nube
y en los funestos cánticos del mar
—más resabio de sal o albor de cúmulo
que sola prisa de acosada espuma.
No obstante —oh paradoja— constreñida
por el rigor del vaso que la aclara,

el agua toma forma.
En él se asienta, ahonda y edifica,
cumple una edad amarga de silencios
y un reposo gentil de muerte niña,
sonriente, que desflora
un más allá de pájaros
en desbandada.
En la red de cristal que la estrangula,
allí, como en el agua de un espejo,
se reconoce;
atada allí, gota con gota,
marchito el tropo de espuma en la garganta,
¡qué desnudez de agua tan intensa,
qué agua tan agua,
está en su orbe tornasol soñando,
cantando ya una sed de hielo justo!
¡Más qué vaso —también— más providente
éste que así se hinche
como una estrella en grano,
que así, en heroica promisión, se enciende
como un seno habitado por la dicha,
y rinde así, puntual,
una rotunda flor
de transparencia al agua,
un ojo proyectil que cobra alturas
y una ventana a gritos luminosos
sobre esa libertad enardecida
que se agobia de cándidas prisiones!

IV

¡Oh inteligencia, soledad en llamas,
que todo lo concibe sin crearlo!
Finge el calor del lodo,
su emoción de substancia adolorida,
el iracundo amor que lo embellece
y lo encumbra más allá de las alas
a donde sólo el ritmo
de los luceros llora,
mas no le infunde el soplo que lo pone en pie
y permanece recreándose en sí misma,
única en El, inmaculada, sola en El,
reticencia indecible,
amoroso temor de la materia,
angélico egoísmo que se escapa
como un grito de júbilo sobre la muerte
—¡oh inteligencia, páramo de espejos!—
helada emanación de rosas pétreas
en la cumbre de un tiempo paralítico;
pulso sellado;
como una red de arterias temblorosas,
hermético sistema de eslabones
que apenas se apresura o se retarda
según la intensidad de su deleite;
abstinencia angustiosa
que presume el dolor y no lo crea,
que escucha ya en la estepa de sus tímpanos

retumbar el gemido del lenguaje
y no lo emite;
que nada más absorbe las esencias
y se mantiene así, rencor sañudo,
una, exquisita, con su dios estéril,
sin alzar entre ambos
la sorda pesadumbre de la carne,
sin admitir en su unidad perfecta
el escarnio brutal de esa discordia
que nutren vida y muerte inconciliables,
siguiéndose una a otra
como el día y la noche,
una y otra acampanadas en la célula
como en un tardo tiempo de crepúsculo,
ay, una nada más, estéril, agria,
con El, conmigo, con nosotros tres:
como el vaso y el agua, sólo una
que reconcentra su silencio blanco
en la orilla letal de la palabra
y en la inminencia misma de la sangre.
       ¡ALELUYA, ALELUYA!

IX

En la red de cristal que la estrangula,
el agua toma forma,
la bebe, sí, en el módulo del vaso,
para que éste también se transfigure
con el temblor del agua estrangulada

que sigue allí, sin voz, marcando el pulso
glacial de la corriente.
Pero el vaso
—a su vez—
cede a la informe condición del agua
a fin de que —a su vez— la forma misma,
la forma en sí, que está en el duro vaso
sosteniendo el rencor de su dureza
y está en el agua de aguijada espuma
como presagio cierto de reposo,
se pueda sustraer al vaso de agua;
un instante, no más
no más que el mínimo
perpetuo instante del quebranto,
cuando la forma en sí, la pura forma,
se abandona al designio de su muerte
y se deja arrastrar, nubes arriba,
para ese atormentado remolino
en que los seres todos se repliegan
hacia el sopor primero,
a construir el escenario de la nada.
Las estrellas entonces ennegrecen.
Han vuelto el dardo insomne
a la noche perfecta de su aljaba.

X

¡Tan Tan! ¿Quién es? Es el Diablo,
es una espesa fatiga,
un ansia de trasponer

estas lindes enemigas,
este morir incesante,
tenaz, esta muerte viva,
¡oh Dios! que te está matando
en tus hechuras estrictas,
en las rosas y en las piedras,
en las estrellas ariscas
y en la carne que se gasta
como una hoguera encendida,
por el canto, por el sueño,
por el color de la vista.

¡Tan-Tan! ¿Quién es? Es el Diablo,
ay, una ciega alegría,
un hambre de consumir
el aire que se respira,
la boca, el ojo, la mano;
estas pungentes cosquillas
de disfrutarnos enteros
en solo un golpe de risa,
ay, esta muerte insultante,
procaz, que nos asesina
a distancia, desde el gusto
que tomamos en morirla,
por una taza de té,
por una apenas caricia.

¡Tan-Tan! ¿Quién es? Es el Diablo,
es una muerte de hormigas

incansables, que pululan,
¡oh Dios! sobre tus astillas;
que acaso te han muerto allá,
siglos de edades arriba,
sin advertirlo nosotros,
migajas, borra, cenizas
de ti, que sigues presente
como una estrella mentida
por su sola luz, por una
luz sin estrella, vacía,
que llega al mundo escondiendo
su catástrofe infinita.

(Baile)

Desde mis ojos insomnes
mi muerte me está acechando,
me acecha, sí, me enamora
con su ojo lánguido.
¡Anda, putilla del rubor helado,
anda, vámonos al diablo!

RETRATO DE NIÑO

Salvador Novo

En este retrato
hay un niño mirándome con ojos grandes;
este niño soy yo
y hay la fecha: 1906.

Es la primera vez que me miré atentamente.
Por supuesto que yo hubiera querido
que ese niño hubiera sido más serio,
con esa mano más serena,
con esa sonrisa más fotográfica.

Esta retrospección no remedia, empero,
lo que el fotógrafo, el cumpleaños,
mi mamá, yo y hasta tal vez la fisiología
dimos por resultado en 1906.

LA HISTORIA

¡Mueran los gachupines!
Mi padre es gachupín,
el profesor me mira con odio
y nos cuenta la Guerra de Independencia
y cómo los españoles eran malos y crueles
con los indios —él es indio—,
y todos los muchachos gritan que mueran los ga-
                                    [chupines.

Pero yo me rebelo
y pienso que son muy estúpidos:
eso dice la historia
pero ¿cómo lo vamos a saber nosotros?

LA RENOVADA MUERTE DE LA NOCHE...

La renovada muerte de la noche
en que ya no nos queda sino la breve luz de la
[conciencia
y tendernos al lado de los libros
de donde las palabras escaparon sin fuga, crucifi-
[cadas en mi mano,
y en esta cripta de familia
en la que existe en cada espejo y en cada sitio la
[evidencia del crimen
y en cuyos roperos dejamos la crisálida de los adio-
[ses irremediables
con que hemos de embalsamar el futuro
y en los ahorcados que penden de cada lámpara
y en el veneno de cada vaso que apuramos
y en esa silla eléctrica en que hemos abandonado
[nuestros disfraces
para ocultarnos bajo los solitarios sudarios
mi corazón ya no sabe sino marcar el paso
y dar vueltas como un tigre de circo
inmediato a una libertad inasible.
Todos hemos ido llegando a nuestras tumbas
a buena hora, a la hora debida,
en ambulancias de cómodo precio
o bien de suicidio natural y premeditado.
Y yo no puedo seguir trazando un escenario per-
[fecto

en que la luna habría de jugar un papel impor-
[tante
porque en estos momentos
hay trenes por encima de toda la tierra
que lanzan unos dolorosos suspiros
y que parten
y la luna tiene nada que ver
con las breves luciérnagas que nos vigilan
desde un azul cercano y desconocido
lleno de estrellas políglotas e innumerables.

JUNTO A TU CUERPO TOTALMENTE
ENTREGADO AL MIO...

Junto a tu cuerpo totalmente entregado al mío
junto a tus hombros tersos de que nacen las rutas
[de tu abrazo,
de que nacen tu voz y tus miradas, claras y re-
[motas,
sentí de pronto el infinito vacío de su ausencia.
Si todos estos años que me falta
como una planta trepadora que se coge del viento
he sentido que llega o que regresa en cada con-
[tacto
y ávidamente rasgo todos los días un mensaje que
[nada contiene sino una fecha
y su nombre se agranda y vibra cada vez más
[profundamente

porque su voz no era más que para mi oído,
porque cegó mis ojos cuando apartó los suyos
y mi alma es como un gran templo deshabitado.
Pero este cuerpo tuyo es un dios extraño
forjado en mis recuerdos, reflejo de mí mismo,
suave de mi tersura, grande por mis deseos,
máscara
estatua que he erigido a su memoria.

NOCTURNO AMOR

Xavier Villaurrutia

El que nada se oye en esta alberca de sombra
no sé cómo mis brazos no se hieren
en tu respiración sigo la angustia del crimen
y caes en la red que tiende el sueño.
Guardas el nombre de tu cómplice en los ojos
pero encuentro tus párpados más duros que el
[silencio
y antes que compartirlo matarías el goce
de entregarte en el sueño con los ojos cerrados
sufro al sentir la dicha con que tu cuerpo busca
el cuerpo que te vence más que el sueño
y comparo la fiebre de tus manos
con mis manos de hielo
y el temblor de tus sienes con mi pulso perdido
y el yeso de mis muslos con la piel de los tuyos

que la sombra corroe con su lepra incurable
Ya sé cuál es el sexo de tu boca
y lo que guarda la avaricia de tu axila
y maldigo el rumor que inunda el laberinto de
[tu oreja
sobre la almohada de espuma
sobre la dura página de nieve.
No la sangre que huyó de mí como del arco
[huye la
flecha
sino la cólera circula por mis arterias
amarilla de incendio en mitad de la noche
y todas las palabras en la prisión de la boca
y una sed que en el agua del espejo
sacia su sed con una sed idéntica.
De qué noche despierto a esta desnuda
noche larga y cruel noche que ya no es noche
junto a tu cuerpo más muerto que muerto
que no es tu cuerpo ya sino su hueco
porque la ausencia de tu sueño ha matado a la
[muerte
y es tan grande mi frío que con un calor nuevo
abre mis ojos donde la sombra es más dura
y más clara y más luz que la luz misma
y resucita en mí lo que no ha sido
y es un dolor inesperado y aún más frío y más
[fuego

no ser sino la estatua que despierta
en la alcoba de un mundo en el que todo ha
[muerto.

NOCTURNO MUERTO

Primero un aire tibio y lento que me ciña.
Como la venda al brazo enfermo de un enfermo
y que me invada luego como el silencio frío
al cuerpo desvalido y muerto de algún muerto.

Después un ruido sordo, azul y numeroso,
preso en el caracol de mi oreja dormida
y mi voz que se ahogue en ese mar de miedo
cada vez más delgada y más enardecida.

¿Quién medirá el espacio, quién me dirá el mo-
[mento
en que se funda el hielo de mi cuerpo y consuma
el corazón inmóvil como la llama fría?

La tierra hecha impalpable silencioso silencio,
la soledad opaca y la sombra ceniza
caerán sobre mis ojos y afrentarán mi frente.

NOCTURNO ROSA

Yo también hablo de la rosa.
Pero mi rosa no es la rosa fría
ni la de piel de niño,
ni la rosa que gira
tan lentamente que su movimiento
es una misteriosa forma de la quietud.

No es la rosa sedienta,
ni la sangrante llaga,
ni la rosa coronada de espinas,
ni la rosa de la resurrección.

No es la rosa de pétalos desnudos,
ni la rosa encerada,
ni la llama de seda,
ni tampoco la rosa llamarada.

No es la rosa veleta,
ni la úlcera secreta,
ni la rosa puntual que da la hora,
ni la brújula rosa marinera.

No, no es la rosa rosa
sino la rosa increada,
la sumergida rosa,
la nocturna,

la rosa inmaterial,
la rosa hueca.

Es la rosa del tacto en las tinieblas,
es la rosa que avanza enardecida,
la rosa de rosadas uñas,
la rosa yema de los dedos ávidos,

la rosa digital
la rosa ciega.

Es la rosa moldura del oído,
la rosa oreja,
la espiral del ruido,
la rosa concha siempre abandonada
en la más alta espuma de la almohada.

Es la rosa encarnada de la boca,
la rosa que habla despierta
como si estuviera dormida.
Es la rosa entreabierta
de la que mana sombra,
la rosa entraña
que se pliega y expande
evocada, invocada, abocada,
es la rosa labial,
la rosa herida.

144

Es la rosa que abre los párpados,
la rosa vigilante, desvelada,
la rosa del insomnio desojada.

Es la rosa del humo,
la rosa de ceniza,
la negra rosa de carbón diamante
que silenciosa horada las tinieblas
y no ocupa lugar en el espacio.

INVENTAR LA VERDAD

Pongo el oído atento al pecho,
como, en la orilla, el caracol al mar.
Oigo mi corazón latir sangrando
y siempre y nunca igual.

Sé por qué late así, pero no puedo
decir por qué será.

Si empezara a decirlo con fantasmas
de palabras y engaños al azar,
llegaría, temblando de sorpresa,
a inventar la verdad:
¡Cuando fingí quererte, no sabía
que te quería ya!

PIEDRA DE SOL

(Fragmentos)

Octavio Paz

voy por tu cuerpo como por el mundo,
tu vientre es una plaza soleada,
tus pechos dos iglesias donde oficia
la sangre sus misterios paralelos,
mis miradas te cubren como yedra,
eres una ciudad que el mar asedia,
una muralla que la luz divide
en dos mitades de color durazno,
un paraje de sal, rocas y pájaros
bajo la ley del mediodía absorto,

vestida del color de mis deseos
como mi pensamiento vas desnuda,
voy por tus ojos como por el agua,
los tigres beben sueño en esos ojos,
el colibrí se quema en esas llamas,
    voy por tu frente como por la luna,
como la nube por tu pensamiento,
voy por tu vientre como por tus sueños,
tu falda de maíz ondula y canta,
tu falda de cristal, tu falda de agua,
tus labios, tus cabellos, tus miradas,
toda la noche llueves, todo el día

abres mi pecho con tus dedos de agua,
cierras mis ojos con tu boca de agua,
sobre mis huesos llueves, en mi pecho
hunde raíces de agua un árbol líquido,

voy por tu talle como por un río,
voy por tu cuerpo como por un bosque,
como por un sendero en la montaña
que en un abismo brusco se termina,
voy por tus pensamientos afilados
y a la salida de tu blanca frente
mi sombra despeñada se destroza,
recojo mis fragmentos uno a uno
y prosigo sin cuerpo, busco a tientas,
. . . .
Madrid, 1937,
en la Plaza del Angel las mujeres
cosían y cantaban con sus hijos,
después sonó la alarma y hubo gritos,
casas arrodilladas en el polvo,
torres hendidas, frentes escupidas
y el huracán de los motores, fijo:
los dos se desnudaron y se amaron
por defender nuestra porción eterna,
nuestra ración de tiempo y paraíso,
tocar nuestra raíz y recobrarnos,
recobrar nuestra herencia arrebatada
por ladrones de vida hace mil siglos,

los dos se desnudaron y besaron
porque las desnudeces enlazadas
saltan el tiempo y son invulnerables,
nada las toca, vuelven al principio,
no hay tú ni yo, mañana, ayer ni nombres,
verdad de dos en sólo un cuerpo y alma,
oh ser total. . .

todo se transfigura y es sagrado,
es el centro del mundo cada cuarto,
es la primera noche, el primer día,
el mundo nace cuando dos se besan,
gota de luz de entrañas transparentes
el cuarto como un fruto se entreabre

o estalla como un astro taciturno
y las leyes comidas de ratones,
las rejas de los bancos y las cárceles,
las rejas de papel, las alambradas,
los timbres y las púas y los pinchos,
el sermón monocorde de las armas,
el escorpión meloso y con bonete,
el tigre con chistera, presidente
del Club Vegetariano y la Cruz Roja,
el burro pedagogo, el cocodrilo
metido a redentor, padre de pueblos,
el Jefe, el tiburón, el arquitecto
del porvenir, el cerdo uniformado,

el hijo predilecto de la Iglesia
que se lava la negra dentadura
con el agua bendita y toma clases
de inglés y democracia, las paredes
invisibles, las máscaras podridas
que dividen al hombre de los hombres,
al hombre de sí mismo, se derrumban
por un instante inmenso y vislumbramos
nuestra unidad perdida, el desamparo
que es ser hombres, la gloria que es ser
                              [hombres
y compartir el pan, el sol, la muerte,
el olvidado asombro de estar vivos;

amar es combatir, si dos se besan
el mundo cambia, encarnan los deseos,
el pensamiento encarna, brotan alas
en las espaldas del esclavo, el mundo
es real y tangible, el vino es vino,
el pan vuelve a saber, el agua es agua,
amar es combatir, es abrir puertas,
dejar de ser fantasma con un número
a perpetua cadena condenado
por un amo sin rostro;
                       el mundo cambia
si dos se miran y se reconocen,
amar es desnudarse de los nombres:

—no pasa nada, sólo un parpadeo
del sol, un movimiento apenas, nada,
no hay redención, no vuelve atrás el tiempo,
los muertos están fijos en su muerte,
intocables, clavados en su gesto,
desde su soledad, desde su muerte
sin remedio nos miran sin mirarnos,
su muerte ya es la estatua de su vida,
un siempre estar ya nada para siempre,
cada minuto es nada para siempre,
un rey fantasma rige tus latidos
y tu gesto final, tu dura máscara
labra sobre tu rostro cambiante:
el monumento somos de una vida
ajena y no vivida, apenas nuestra,

—¿la vida, cuándo fue de veras nuestra?,
¿cuándo somos de veras lo que somos?,
bien mirado, no somos, nunca somos
a solas sino vértigo y vacío,
muecas en el espejo, horror y vómito,
nunca la vida es nuestra, es de los otros,
la vida no es de nadie, todos somos
la vida —pan de sol para los otros,
los otros todos que nosotros somos—,
soy otro cuando soy, los actos míos
son más míos si son también de todos,
para que pueda ser he de ser otro,

salir de mí, buscarme entre los otros,
los otros que no son si yo no existo,
los otros que me dan plena existencia,
no soy, no hay yo, siempre somos nosotros,
la vida es otra, siempre allá, más lejos,
fuera de ti, de mí, siempre horizonte,

vida que nos desvive y enajena,
que nos inventa un rostro y lo desgasta,
hambre de ser, oh muerte, pan de todos,
Eloísa, Perséfona, María
muestra tu rostro al fin para que vea
mi cara verdadera, la del otro,
mi cara de nosotros siempre todos,
cara de árbol y de panadero,
de chofer y de nube y de marino,
cara de sol y arroyo y Pedro y Pablo,
cara de solitario colectivo,
despiértame, ya nazco:

                A Q U I

    Mis pasos en esta calle
    Resuenan
                    En otra calle
    Donde
            Oigo mis pasos
    Pasar en esta calle

Donde
Sólo es real la niebla

CUANDO SEPAS HALLAR UNA SONRISA

Enrique González Martínez

Cuando sepas hallar una sonrisa
en la gota sutil que se rezuma
de las porosas piedras, en la bruma,
en el sol, en el ave y en la brisa;

cuando nada a tus ojos quede inerte,
ni informe, ni incoloro, ni lejano,
y penetres la vida y el arcano
del silencio, las sombras y la muerte;

cuando tiendas la vista a los diversos
rumbos del cosmos, y tu esfuerzo propio
sea como potente microscopio
que va hallando invisibles universos,

entonces en las flamas de la hoguera
de un amor infinito y sobrehumano,
como el santo de Asís, dirás hermano
al árbol, al celaje y a la fiera.

Sentirás en la inmensa muchedumbre

de seres y de cosas tu ser mismo;
serás todo pavor con el abismo
y serás todo orgullo con la cumbre.

Sacudirá tu amor el polvo infecto
que macula el blancor de la azucena,
bendecirás las márgenes de arena
y adorarás el vuelo del insecto;

y besarás el garfio del espino
y el sedeño ropaje de las dalias...
Y quitarás piadoso tus sandalias
por no herir las piedras del camino.

TUERCELE EL CUELLO AL CISNE

Tuércele el cuello   al cisne de engañoso
[plumaje
que da su nota blanca al azul de la fuente;
él pasea su gracia no más, pero no siente
el alma de las cosas ni la voz del paisaje.

Huye de toda forma y de todo lenguaje
que no vayan acordes con el ritmo latente
de la vida profunda... y adora intensa-
[mente
la vida, y que la vida comprenda tu home-
[naje.

Mira el saiemte buho cómo tiende las alas
desde el Olimpo, deja el regazo de Palas
y posa en aquel árbol el vuelo taciturno. .

El no tiene la gracia del cisne, mas su in-
[quieta
pupila, que se clava en la sombra, inter-
[preta
el misterioso libro del silencio nocturno.

DECIMAS A DIOS

Guadalupe Amor

I

Dios, invención admirable,
hecha de ansiedad humana
y de esencia tan arcana,
que se vuelve impenetrable.
¿Por qué no eres tú palpable
para el soberbio que vio?
¿Por qué me dices que no
cuando te pido que vengas?
Dios mío, no te detengas,
o ¿quieres que vaya yo?

154

VII

No te veo en las estrellas
ni te descubro en las rosas;
no estás en todas las cosas,
son invisibles tus huellas;
pero no, que aquí descuellas,
aquí, en la tortura mía,
en la estéril agonía
de conocer mi impotencia...
¡Allí nace tu presencia
y muere en mi mente fría!

XI

No al que me enseñaron, no.
Al eterno inalcanzable,
al oculto inevitable,
al lejano, busco yo.
Al que mi ser inventó.
mi ser lleno de pasiones,
de turbias complicaciones
y rotunda vanidad.
Ser que busca la verdad
y sólo halla negaciones.

XXIX

No, no es después de la muerte,
cuando eres, Dios, necesario;

es en el infierno diario
cuando es milagro tenerte.
Y aunque no es posible verte
ni tu voz se logra oír,
¡qué alucinación sentir
que en la propia sangre habitas,
y en el corazón palpitas,
mientras él puede latir!

XXXIII

Si es que me estás escuchando
respóndeme y dí que sientes
cuando en mis noches candentes
la angustia me está abrasando.
Sabes que vivo pensando;
así quisiste crearme.
¿Lo hicistes por castigarme?
¿de qué?, o fue impotencia
tuya, el darme esta conciencia
que tanto habría de dañarme?

ROMANCE

Jaime Torres Bodet

Cambiaba, a cada momento
de color y de tristeza,
y en jugar a los reflejos

se les iba la existencia,
como el niño que, en el mar,
quiere pescar una estrella
y no la puede tocar
porque su mano la quiebra.

De noche, cuando cantaba,
olía su cabellera
a luz, como un despertar
de pájaros en la selva;
y si cantaba en el sol
se hacía su voz tan lenta,
tan íntima, tan opaca,

que apenas iluminaba
el sitio que, entre la hierba,
alumbraba al amanecer
el brillo de una luciérnaga.

**¡Era de noche tan rubia
y de día tan morena!**

Suspiraba sin razón
en lo mejor de las fiestas
y puesta frente a la dicha
se equivocaba de puerta.
Entre el oro de la mies
y el oro de la hoja seca

nunca se atrevió a escoger.
La quise sin comprenderla

porque de noche era rubia
y de día era morena.

LA CAMPANA

Manuel José Othón

¿Qué te dice mi voz a la primera
luz auroral? "La muerte está vencida,
ya en todo se oye palpitar la vida,
ya el surco abierto la simiente espera".

Y de la tarde en la hora postrimera;
"Descansa ya. La lumbre está encendida
en el hogar..." Y siempre te convida
mi acento a la oración en donde quiera.

Convoco a la plegaria a los vivientes,
plaño a los muertos con el triste y hondo
son de sollozo en que mi duelo explayo.

Y, al tremendo tronar de los torrentes
en pavorosa tempestad, respondo
con férrea voz que despedaza el rayo.

LA SEMENTERA

Escucha el ruido místico y profundo
con que acompaña el alma primavera
esta labor enorme que se opera
en mi seno fructífero y fecundo.

Oye cuál se hincha el grano rubicundo
que el sol ardiente calentó en la era.
Vendrá otoño que en mieses exubera
y en él me mostraré gala del mundo.

La madre tierra soy: vives conmigo,
a tu paso doblego mis abrojos,
te doy el alimento y el abrigo.

Y cuando estén en mi regazo opresos
de tu vencida carne los despojos,
¡con cuánto amor abrigaré tus huesos!

VOZ DE MIS SOLEDADES

Elías Nandino

Estoy solo en el grito inesperado
que tengo en mi sabor de obscuridades
para llenar de voz mis soledades
y revivir mi ser deshabitado.

Mi cuerpo se atormenta, desolado,
en una larga sombra de crueldades
y el pensamiento rueda en tempestades
de presencia de infierno exasperado.

Corre miedo de muerte por mis venas
y mi sangre dolida se adelgaza
en una pena que temblores llora.

Si muero estoy entre las muertes llenas
de la inquietud de muerte que me abraza
¿con qué muerte podré salvarme ahora?

II

No sé quien soy en esta llama cruenta
de angustia, de dolor, de goce y llanto,
en que nace el misterio de un encanto
que destruye mi vida y la alimenta.

No sé quién soy en esta red que inventa
peces de espuma en vértigos de espanto
y un verano de siglos que levanto
para saciar la voz que me atormenta.

En un mundo de sombra y amargura
me interrogo con voz desconocida
que parece una voz ajena y dura.

Y queda mi razón desvanecida
porque todo el dolor de mi locura
me duele fuera de mi propia vida.

No sé como mirar para encontrarte,
horizonte de amor en que me excito,
distancia sin medida donde habito
para matar las ansias de tocarte.

No sé como gritar para llamarte
en medio de mis siglos de infinito
donde nace el silencio de mi grito
movido por la sangre de buscarte.

Mirar sin que te alcance la mirada;
sangrar sin la presencia de una herida;
llamarte sin oirme la llamada.

Y, atado al corazón que no te olvida,
ser un muerto que tiene por morada
un cuerpo que ni vive sin tu vida.

CHUMACERO ALI

Alí Chumacero

¿Dónde poner la vista? Si levanto
el rostro, la mirada te apresura;
suspendida persistes en la impura
diafanidad salobre de mi llanto.

Si naufraga mi voz, el labio inicia
tu nombre sin cesar, y ahí germina
pues no soy sino dueño, lirio, ruina,
designio de tu lánguida caricia.

Desmayas en mis brazos, y agoniza
tu casto amor de corazón en celo,
y lágrima y palabra son ceniza.

Cuando a tus ojos miro, porque un velo
de sombra a mí desciende y eterniza
la aspiración amarga de mi duelo.

DE CUERPO PRESENTE

Yo no estaré presente. La ilusoria
marea irrumpirá, letal y fría,
en olas conmovida todavía,
a anegar de ceniza la memoria.

Fuego abatido, cólera desierta,
la urna en sábanas al fin vencida
olvidará su resplandor: la vida
ayer a su cuidado, amante muerta.

Indiferente imagen, su apariencia
no será abismo, sino roca o viento
de soledad, sosiego y permanencia.

Cuerpo no más, vacío de pecado,
inmutable al pavor del pensamiento:
solo estará en sí mismo acostumbrado.

SE ME HAN IDO LAS HORAS

Margarita Mondragón

Se me han ido las horas en tejer un encaje,
en prender una cinta y en bordar una flor...
Se me han ido las horas en mirar un paisaje,
y en oir una fuente y en copiar un celaje,
y en hacer una rima y en soñar un amor.

Se me han ido las horas enhebrando quimeras,
y tejiendo locuras imposibles de ser...
Se me han ido las horas —golondrinas viajeras—
y han pasado los sueños como nubes ligeras,
por mi triste y errante corazón de mujer.

Se me han ido las horas... no me dejes,
[amado,
arrollar por las olas de la vida vulgar.
Ven a mí, dulce dueño, tanto tiempo esperado
y al arrullo divino de tu verso encantado,
¡que me duerma en tus brazos para no despertar!

YAMILE

Margarita Paz Paredes

Niña del aire, porque el aire es canto
donde el eco del mundo se transforma,:
y no sabremos nunca si es campana
o vuelo alucinado de gaviotas.

Niña del fuego, porque el fuego es sombra
cálida y encendida en el espíritu,
donde el rencor olvida sus espinas
y amanece en amor purificado.

Niña del agua, porque el agua es rosa
en los labios sedientos y en el sueño,
donde el dolor se nutre y la poesía
hincha sus velas hacia el mar abierto.

Criatura de la tierra. ¡Bienvenida
a las verdes praderas maduradas
por tu voz vegetal y por el polen
de mariposas párvulas que pueblan
de claridad solar tu primavera!
Te miro en el umbral de mi vigilia
como una luz pequeña, cintilando
en mis desolaciones y en mi espera
del milagro que duerme entre cristales.

Te contemplo en mi huerto, espiga plena,
delfín en el océano de mi sangre;
señal entre la noche de mi olvido;
lumbre de amor en mi ceniza oscura.

La morada de mi alma donde habitas
tiene ventanas de cristal, abiertas
hacia todos los rumbos. El espacio
del sueño y de la vida te reclama.

No intentarán mis lazos de ternura
interrumpir tu vuelo, golondrina.
Dondequiera que vayas, tu fatiga
descansará en mi alero que te aguarda.

CUBA

José Martí
Agustín Acosta
Bonifacio Byrne
Julián del Casal
José Joaquín Palma
G. Gómez de Avellaneda
José María de Heredia
Juan Clemente Zenea
Juan Marinello
Gabriel de la C. Valdés
Enrique José Varona
Mariano Brull
José Lezama Lima
Emilio Ballagas
Eugenio Florit
Nicolás Guillén

CULTIVO UNA ROSA BLANCA

José Martí

Cultivo una rosa blanca,
en julio como en enero,
para el amigo sincero
que me da su mano franca.
Y para el cruel que me arranca
el corazón con que vivo,
cardo ni ortiga cultivo:
cultivo una rosa blanca.

PARA ARAGON, EN ESPAÑA

José Martí

Para Aragón, en España,
tengo yo en mi corazón
un lugar todo Aragón,
franco, fiero, fiel, sin saña.

Si quiere un tonto saber
por qué lo tengo, le digo
que allí tuve un buen amigo,
que allí quise una mujer.

Allá, en la vega florida,
la de la heróica defensa,
por mantener lo que piensa
juega la gente la vida.

Y si un alcalde lo aprieta
o lo enoja un rey cazurro,
calza la manta el baturro
y muere con su escopeta.

Quiero a la tierra amarilla
que baña el Ebro lodoso;
quiero el Pilar azuloso
de Lanuza y de Padilla.

Estimo a quien de un revés
echa por tierra a un tirano;
lo estimo si es un cubano,
lo estimo, si es aragonés.

Amo los patios sombríos
con escaleras bordadas;
amo las naves calladas
y los conventos vacíos.

Amo la tierra florida,
musulmana o española,
donde rompió su corola
la poca flor de mi vida.

DOS VOCES EN LA SOMBRA

—¿Dónde vas con la vista inflamada,
orlado el acero de verde laurel?
—A buscar en las forjas del tiempo
los hombres que saben morir o vencer.
—¿Dónde vas, encubriendo en el manto
la daga sangrienta y el duro cordel?
—A poblar de visiones luctuosas
la mente del siervo que enerva el placer.
—¿Dónde vas, con tan rápido paso,
sonando la espada y el férreo broquel?
—A mover a los pueblos que duermen
sin patria, sin nombre, sin gloria, sin ley.
—¿Dónde vas pavoroso, cubierta
de espanto y asombro la lívida tez?
—A mirar como mueren los hombres
que dan en ofrenda su sangre al deber.

PLEGARIA A DIOS

Gabriel de la C. Valdés

Ser de inmensa bondad, Dios poderoso,
a vos acudo en mi dolor vehemente,
extended vuestro brazo omnipotente,
rasgad de la calumnia el velo odioso
y arrancad este sello ignominioso

con que el mundo manchar quiere mi frente.

Rey de los reyes, Dios de mis abuelos,
vos solo sois mi defensor, Dios mío;
todo lo puede quien al mar sombrío
olas y peces dio, luz a los cielos,
fuego al sol, giro al aire, al norte, hielos,
vida a las plantas, movimiento al río.

Todo lo podéis vos... todo fenece
o se reanima a vuestra voz sagrada:
fuera de voz, Señor, el todo es nada,
que en la insondable eternidad perece,
y aun esa misma nada os obedece
pues de ella fue la humanidad creada.

Yo no os puedo engañar, Dios de clemencia.
Y pues vuestra eterna sabiduría
ve al través de mi cuerpo el alma mía
cual del aire la clara transparencia,
estorbad que humillando la inocencia
bata sus palmas la calumnia impía.

Mas si cuadra a tu suma omnipotencia
que yo perezca cual malvado impío,
y que los hombres mi cadáver frío
ultrajen con maligna complacencia,
suene tu voz y acabe mi existencia...
¡Cúmplase en mí tu voluntad, Dios mío...!

YO SE QUE HA DE LLEGAR UN DIA

Juan Marinello

Yo sé que ha de llegar un día.
claro como ninguno,
y que la antigua alegría
vivirá de nuevo a su conjuro.
    Yo sé que ha de llegar un día.
    Yo sé que esta tristeza,
sin causa y sin objeto
—que es como un don divino— ,
se alejará en secreto,
igualmente que vino.
    Yo sé que en una tarde
que tendrá una tristeza insuperable,
se hará el milagro, y al llegar el día,
renacerá mi claridad interna,
¡la claridad tan mía!
    Yo sé que será tarde
para amar y reír.
Yo sé que el corazón, al deslumbrarse
con la nueva alegría,
añorará su antigua tristeza inexpresable.
    Yo sé que será tarde
mas espero ese día.

SAN FRANCISCO DE ASIS

Alfonso Hernández Catá

Asís, tu corazón era una poma
del gran árbol del bien. Tu corazón
no supo de maldad ni de ambición,
aroma de pureza fue tu aroma.
Tu existencia ejemplar era un sencillo
corazón florecido de piedad.
Todas tus frases, fueron de hermandad:
—¡Hermano lobo, hermano pajarillo!—
Glorioso querubín, era tu idea
—que antaño oyó la chusma galilea—
unir el mundo con fraternos lazos.
Tal vez sentiste dos nostalgias vagas.
¡Tu cuerpo, la nostalgia de las llagas;
y la nostalgia de la cruz, tus brazos!

LA DOGARESA

José María de Heredia

Del palacio en el pórtico marmóreo, de prag-
[máticas
graves hablan señores que retrató Tiziano,
y los collares de oro de ley del marco anciano
el esplendor aumentan de las rojas dalmáticas.
Contemplan hacia el fondo de las calles acuá-
[ticas

con ojos que destellan orgullo soberano,
bajo el dosel incólume del cielo veneciano
brillar el azul límpido de las ondas Adriáticas.

Y en tanto que el radiante estol de caballeros
arrastra el oro y púrpura por peldaños severos
de pórfido que fúlgida claridad tornasola,

indolente y soberbia una dama, hacia un lado
volviéndose entre espumas joyantes de brocado
sonríe a un negro paje que llévale la cola.

LOS CONQUISTADORES

José María de Heredia

Cual bandada de halcones la alcándara feudal,
a Palos de Moguer, hartos de altivas penas,
dejaban capitanes y labradores, llenas
las almas de un ensueño hazañoso y brutal.

A conquistar salían el místico metal
que corre de Cipango por las fecundas venas,
y los vientos alisios llevaban sus entenas
al borde misterioso del mundo occidental.

Cada noche, esperando crepúsculos utópicos
el azul chispeante de la mar de los trópicos
encantaba su sueño con un matiz dorado;

o, a proa, de sus naves viendo las blancas
                                                [huellas
atónitos miraban por un cielo ignorado
del fondo del Océano subir nuevas estrellas.

175

MISERERE

G. Gómez de Avellaneda

¡Misericordia! ¡oh Dios de ti demando!
¡Misericordia ten del alma mía!
Líbrala ya del opresor nefando,
    cuya audaz tiranía
pretendió hacerla esclava;
    que su yugo destruya.
Tu fuerte diestra, que el empíreo alaba,
y el rastro vil de mi deshonra lava
según la gran misericordia tuya.
Lávame más y más; que está delante
de mis ojos mi culpa y me acobarda
    su recuerdo incesante.
Pues nunca tu piedad se muestra tarda
si a ella recurre un pecho arrepentido
no desoigas mi voz cuando con llanto
    Misericordia pido.
Falté, Señor, a tu precepto santo;
    más tú tendrás clemencia;
porque engendrada en el pecado he sido,
y fue el pecado mi primera herencia,
    tú eres de mi alma dueño,
purifícala y templa su amargura,
dispensándola ¡oh, Dios! —depuesto el ceño—
    del perdón la dulzura.
    Digna soy de tu enojo,

y es tu venganza justa:
mas no me arrojes, como vil despojo
de tu presencia augusta.
Recuerda por piedad que en algún día
de tu amor me mostraste los secretos,
y adoré de tu gran sabiduría
celestiales decretos.
Vuélveme, pues, Señor, vuélveme aquellas
gloria, ventura y calma...
Borrando del pecado infames huellas
renueva ya mi alma.
Hazla sentir los santos embelesos
con que el perdón benéfico acompañas,
y temblarán gozosas mis entrañas
entremecidos de placer mis huesos.
Feliz entonces, con sublime canto
celebraré tus dones;
conocerán tu nombre sacrosanto
las extrañas naciones.
Con ecos de perpetuas bendiciones
se extenderá tu excelso poderío;
para que el ciego a conocerte aprenda
y a ti venga el impío
abandonando la precita senda.
Así ensalzando nuevo beneficio
mi agradecido pecho,
te ofreceré por grato sacrificio
un corazón en lágrimas deshecho.

Tú lo recibirás benigno y blando
—pues nunca rechazaste al penitente—.
    Y luego más ferviente
    por tu pueblo rogando,
¡alza, diré tu brazo omnipotente!
¡Que al enemigo su poder destruya,
y a tu culpable grey mire clemente,
según la gran misericordia tuya!

AL PARTIR

G. Gómez de Avellaneda

    Perla del mar! ¡Estrella de Occidente!
¡Hermosa Cuba! Tu brillante cielo
la noche cubre con su opaco velo,
como cubre el dolor mi triste frente.

    ¡Voy a partir!... La chusma diligente,
para arrancarme del nativo suelo,
las velas iza, y pronta a su desvelo
la brisa acude de tu zona ardiente.

    ¡Adiós, patria feliz, edén querido!
doquier que el hado en su furor me impela,
tu dulce nombre halagará mi oído!

    ¡Adiós!... ¡Ya cruje la turgente vela...
el ancla se alza... el buque, estremecido,
las olas corta y silencioso vuela!

A UN ARROYO

José Joaquín Palma

¿Veis ese arroyuelo blando
que va la yerba lamiendo,
cómo se acerca sonriendo,
cómo se aleja llorando?

Es una blanca madeja
que con sus hebras encanta;
cuando se aproxima, canta,
y llora cuando se aleja.
Cinta de cristal sonora
que en aljófar se deslíe,
como un alma alegre ríe,
como un alma triste llora.

Ya forma en su murmurio
copas de blancas espumas,
rizados como las plumas,
de los ánades del río.

Ya temblando se alboroza
si el aura sus linfas mece,
o bien corriendo parece
que se queja o que solloza.

Y cuando viene a besar
las flores con su corriente,
que no se siente llegar,
se llega tan mansamente.

Entre sus espumas frías
y mis yertas ilusiones,
hay vagas palpitaciones
de secretas simpatías.

El baja del soto umbrío
solo, humilde, sin estruendo,
y va corriendo, corriendo
hasta perderse en el río.

DIA DE FIESTA

Julián del Casal

Un cielo gris. Morados estandartes
con escudos de oro; vibraciones
de altas campanas; báquicas canciones;
palmas verdes ondeando en todos partes;

banderas tremolando en los baluartes;
figuras femeninas en balcones;
estampido cercano de cañones;
gentes que lucran por diversas artes.

Mas ¡ya! mientras la turba se divierte,
y se agita en ruidoso movimiento
como una mar de embravecidas olas,

circula por mi ser frío de muerte
y en lo interior del alma sólo siento
ansia infinita de llorar a solas.

180

CUAL SERIA...?

Bonifacio Byrne

¡Se fue del mundo sin decirme nada!
Cesaron de su pecho los latidos,
sin que su voz llegase a mis oídos,
triste, como una antífona sagrada.

En su alcoba revuelta y enlutada
quedaron sus recuerdos esparcidos,
como quedan las plumas en los nidos,
si el ábrego sacude la enramada.

Dios, para quien no existe un solo arcano,
únicamente contestar podría
esta pregunta que formulo en vano:

"Su último pensamiento, ¿cuál sería,
cuando, muriendo, me apretó la mano
y cruzó su mirada con la mía?"

CASTIGO

Agustín Acosta

Llegué al final del negro muro. Solo,
en lo más alto y ríspido, moría
un arbusto, sin luz y sin cuidado.
Yo no pude escalar el alto muro,
yo no pude dar luz al pobre tronco;

pero elevé con humildad al Cielo
una dulce oración: "¡Dios, Tú, que puedes,
derrumba el paredón que la luz roba
al pobre arbusto moribundo!"
Luego,
después de siglos, nuevamente un día
pasé por el lugar de mis andanzas
y el árbol era gigantesco brote
de cuya rama superior pendía
el cuerpo de un ahorcado...

GRANADA

Mariano Brull

He respirado a Granada
en luz —toda voz de olores—:
tierra fragante de adentro
de lejos, hondo, florece.

Carne viva de alma. Toda
pecho desnudo. Guitarra
sepulta: cantar eterno
de tu cordaje de agua.

¡Qué nudo anuda mi carne!
Raíz de aire que me enlaza
a música de temblores
en parpadeos de alma.

Oleo de torva hermosura
Granada —en la noche grande--:
seña perdida en la angustia
—ya sin fatiga— de antes.

Múltiple de amaneceres
¡qué bella entonces!
                    —Ahora
tan cerca ya de lo mío
¡claveles de resonancia!

A LA ROSA DESCONOCIDA

Mariano Brull

Apartada —ya toda amor de olvido—
y en limpia ausencia recreada,
la cima de tu hermosura diviso
nublada por un silencio de ángeles:
y al acecho de un ágil morir
en el perenne umbral de la mudanza,
la imagen —en tu imagen sola—
¡rosa total de otro vivir reclamo!

De alba luciente, húmeda, alta,
y curva ardiente y quieta,
tu forma —azar preciso— se desciñe
en cauda musical de margen muda
y unce la almendra de una llama helada.

183

En hora rosa se detiene el cielo
para vivir su eternidad más lenta,
y una orilla de frescores defiende
el hueco, sin contornos, de la rosa.
Tesón eterno. Abril inacabado.
Halo de olor que ronda sobre ausencia:
espacio en ciernes de la rosa futura
que el aire rezagado punza.

AH, QUE TU ESCAPES

José Lezama Lima

Ah, que tú escapes en el instante
en el que ya habías alcanzado tu definición mejor.
Ah, mi amiga, que tú no querías creer
las preguntas de esa estrella recién cortada,
que va mojando sus puntas en otra estrella
[enemiga.
Ah, si pudiera ser cierto que a la hora del baño,
cuando en una misma agua discursiva
se bañan el inmóvil paisaje y los animales más
[finos:
antíl   s, serpientes de pasos breves, de pasos
[evaporados,
pare_ 1 entre sueños, sin ansias levantar
los más extensos cabellos y el agua más recordada.
Ah, mi amiga, si en el puro mármol de los adioses

184

hubieras dejado la estatua que nos podía acom-
[pañar,
pues el viento, el viento gracioso,
se extiende como un gato para dejarse definir.

UNA OSCURA PRADERA ME CONVIDA

José Lezama Lima

Una oscura pradera me convida,
sus manteles estables y ceñidos,
giran en mí, en mi balcón se duermen.
Dominan su extensión, su indefinida
cúpula de alabastro se recrea.
Sobre las aguas del espejo,
breve la voz en mitad de cien caminos,
mi memoria prepara su sorpresa:
gamo en el cielo, rocío, llamarada.
Sin sentir que me llaman
penetro en la pradera despacioso,
ufano en nuevo laberinto derretido.
Allí se ven, ilustres restos,
cien cabezas, cornetas, mil funciones
abren su cielo, su girasol callando.
Extraña la sorpresa en este cielo,
donde sin querer vuelven pisadas
y suenan las voces en su centro henchido.
Una oscura pradera va pasando.
Entre los dos, viento o fino papel,

el viento, herido viento de esta muerte
mágica, una y despedida.
Un pájaro y otro ya no tiemblan.

VIENTO DE LA LUZ DE JUNIO

Emilio Ballagas

Llévame por donde quieras,
viento de la luz de junio,
—remolino de lo eterno.

¿Adónde?
Si ya he ido, si ya vuelvo.
Si ya nada quiero, nada;
ni lo que tengo, ni aquello
que estuve soñando ayer.

Ahora por no querer y no saber lo que
                                        [quiero
lo quiero todo. . . ¡Qué júbilo!
¡Qué beato ahogarse en tu oleaje!
Soy como un niño que estrena
la pura emoción del Quiero.

¡Ay, la espuma, lo lejano
y aquellas voces, naranjas

—tacto, color y fragancia—
que se mecen en las frondas
como sorpresas redondas!

Llévame adonde tú quieras
—tú me ciñes, tú me vences—
que ahora me rindo dócil,
a tu voluntad viajera,
luz de jugar y de huir...

Llévame, llévame, llévame
a secuestrarme en lo eterno
—ansia, oleaje, grupa, crin—
viento de la luz de junio.

HUIR

Emilio Ballagas

¡Cómo me echara a rodar
por este mundo sin forma!
Cómo me diera a correr
driver en auto sin sombra.

Por el paisaje sin forma
huidizo... resbalado:
en el huir y el huir
transfundido... deshelado.

Por montañas sin recuerdo,
por mares nulos, insomnes,
de azufre, plata y azogue...
amnesia total, deshielo.
Cómo me diera a rodar
—noches, pistas, mares nombres,
prisas, nubes, torres, mundos—
sin vuelta —liberación—.
¡Qué preso —libre— en la fuga!
La prisa atrás, rezagada.
Libre —¡qué preso!— en la fuga.

¡Cómo me diera a correr
driver en auto sin sombra;
ya sin amarras del hoy ,
libre de ayer y mañana...
desatado, blanco, eterno!

CAMPO

Eugenio Florit

I

Por el sueño hay tibias voces
que, persistente llamada,
fingen sonrisa dorada
en los minutos veloces.

Trinos de pechos precoces
inquietos al despertar,
ponen en alto el cantar
dorado de sus auroras,
en tanto que voladoras
brisas le salen al mar.

7

Vi desde un pico de sierra
—con mi soledad estaba—
cómo el cielo se aprestaba
a caer sobre la tierra.
Nubes de color de guerra
con fuegos en las entrañas
hundían manos extrañas
en las ceibas corpulentas
y la brisa andaba a tientas
rodando por las montañas.

M A R

Eugenio Florit

1

Tendrás el beso partido
por voluble tantas veces
como ya dentro floreces
en escamas. Encendido

más por el cielo caído
en regular geometría.
El alma tuya —tan fría—
no más, por el beso, muerta.
Alegre, al fin, a la cierta
siembra de luces del día.

12

Náufrago suspiro tanto
íbase en ondas ya lejos:
múltiples tenues espejos
para mi total quebranto.
Llanto risueño, y el llanto
medroso de lejanías,
navegaban en las frías
rutas, a quedar ausentes
de mí, por alados puentes,
en la fuga de mis días.

SONETO

Eugenio Florit

Habréis de conocer que estuve vivo
por una sombra que tendrá mi frente.
Sólo en mi frente la inquietud presente
que hoy guardo en mí, de mi dolor cautivo.

Blanca la faz, sin el ardor lascivo,
sin el sueño prendiéndose a la mente.
Ya sobre mí, callado eternamente,
la rosa de papel y el verde olivo.

Qué sueño sin ensueños torcedores,
abierta el alma a trémulas caricias
y sobre el corazón fijas las manos.

Qué lejana la voz de los amores.
Con qué sabor la boca a las delicias
de todos los serenos océanos.

GUITARRA

Nicolás Guillén

Tendida en la madrugada,
la firme guitarra espera:
voz de profunda madera
desesperada.

Su clamorosa cintura,
en la que el pueblo suspira,
preñada de son, estira
la carne dura.

Arde la guitarra sola,
mientras la luna se acaba;
arde libre de su esclava
bata de cola.

191

Dejó al borracho en su coche,
dejó el cabaret sombrío,
donde se muere de frío,
noche tras noche,

y alzó la cabeza fina,
universal y cubana,
sin opio, ni mariguana,
ni cocaína.

¡Venga la guitarra vieja,
nueva otra vez al castigo
con que la espera el amigo,
que no la deja!

Alta siempre, no caída,
traiga su risa y su llanto,
clave las uñas de amianto
sobre la vida.

Cógela tú, guitarrero,
límpiale de alcohol la boca,
y en esa guitarra, toca
tu son entero.

El son del querer maduro,
tu son entero;
el del abierto futuro,

tu son entero;
el del pie por sobre el muro,
tu son entero...

Cógela tú, guitarrero,
límpiale de alcohol la boca,
y en esa guitarra, toca
tu son entero.

MARTI

Nicolás Guillén

¡Ah! no penséis que su voz
es un suspiro. Que tiene
manos de sombra, y que es
su mirada lenta gota
lunar temblando de frío
sobre una rosa.
                    Su voz
abre la piedra, y sus manos
parten el hierro. Sus ojos
llegan ardiendo a los bosques
nocturnos; los negros bosques.

Tocadle: veréis que os quema.
Dadle la mano: veréis
su mano abierta en que cabe

193

Cuba como un fugitivo
tomeguín de alas mojadas
por la tormenta. Miradlo:
veréis que su luz os ciega.
Pero seguidlo en la noche:
¡oh, por qué claros caminos
su luz en la noche os lleva!

EN DIAS DE ESCLAVITUD

Juan Clemente Zenea

¡Señor! ¡Señor! El pájaro perdido
puede hallar en los bosques el sustento,
en cualquier árbol fabricar su nido
y a cualquier hora atravesar el viento.

Y el hombre, el dueño que a la tierra
[envías
armado para entrar en la contienda,
no sabe al despertar todos los días
en qué desierto plantará su tienda.

Dejas que el blanco cisne en la laguna
los dulces besos del terral aguarde,
jugando con el brillo de la luna
nadando entre el reflejo de la tarde.

Y a mí, Señor, a mí no se me alcanza,
en medio de la mar embravecida,
jugar con la ilusión y la esperanza
en esta triste noche de la vida.

194

Esparce su perfume la azucena
sin lastimar su cáliz delicado,
y si yo llego a descubrir mi pena,
me queda el corazón despedazado...

La estrella de mi siglo se ha eclipsado,
y en medio del dolor y el desconsuelo,
el lirio de la fe se ha marchitado:
ya no hay escala que conduzca al cielo.

Van los pueblos a orar al templo santo
y llevan una lámpara mezquina,
y el Cristo allí, sobre la cruz, en tanto,
abre los brazos y la frente inclina...

Tengo el alma, ¡Señor!, adolorida
por unas penas que no tienen nombres;
y no me culpes, no, porque te pida
otra patria, otro siglo y otros hombres.

Que aquella edad con que soñé no asoma,
con mi país de promisión no acierto,
mis tiempos son los de la antigua Roma
y mis hermanos con la Grecia han muerto!

PUERTO RICO

Luis Palés Matos
Evaristo Rivera Chevremont
José A. Balseiro
Luis Llorens Torres

TOPOGRAFIA

Luis Palés Matos

Esta es la tierra estéril y madrastra
en donde brota el cacto.
Salitral blanquecino que atraviesa
roto de sed el pájaro;
con marismas resecas espaciadas
a extensos intervalos,
y un cielo fijo, inalterable y mudo,
cubriendo todo el ámbito.

El sol calienta en las marismas rojas
el agua como un caldo,
y arranca al arenal caliginoso
un brillo seco y áspero.
La noche cierra pronto y en el lúgubre
silencio rompe el sapo
su gruta de agua oculta que las sombras
absorben como tragos.

Miedo. Desolación. Asfixia. Todo
duerme aquí sofocado
bajo la línea muerta que recorta
el ras rígido y firme de los campos.
Algunas cabras amarillas medran
en el rastrojo escaso,

y en la distancia un buey rumia su sueño
turbio de soledad y de cansancio.

Esta es la tierra estéril y madrastra.
Cunde un tufo malsano
de cosa descompuesta en la marisma
por el fuego que baja de lo alto;
fermento tenebroso que en la noche
arroja el fuego fatuo,
y da esas largas formas fantasmales
que se arrastran sin ruido sobre el páramo.

Esta es la tierra donde vine al mundo.
—Mi infancia ha ramoneado
como una cabra arisca por el yermo
rencoroso y misántropo—.
Esta es toda mi historia:
sal, aridez, cansancio,
una vaga tristeza indefinible,
una inmóvil fijeza de pantano,
y un grito, allá en el fondo,
como un hongo terrible y obstinado,
cuajándose entre fofas carnaciones
de inútiles deseos apagados.

PUEBLO

Luis Palés Matos

¡Piedad, Señor, piedad para mi pobre pueblo
donde mi pobre gente se morirá de nada!
Aquel viejo notario que se pasa los días
en su mínima y lenta preocupación de rata;
este alcalde adiposo de grande abdomen vacuno
chapoteando en su vida tal como en una salsa;
aquel comercio lento, igual, de hace diez siglos;
estas cabras que triscan el resol de la plaza;
algún mendigo, algún caballo que atraviesa
tiñoso, gris y flaco, por estas calles anchas;
la fría y atrofiante modorra del domingo
jugando en los casinos con billar y barajas;
todo, todo el rebaño tedioso de estas vidas
en este pueblo viejo donde no ocurre nada,
todo esto se muere, se cae, se desmorona,
a fuerza de ser cómodo y de estar a sus anchas.

¡Piedad, Señor, piedad para mi pobre pueblo!
Sobre estas almas simples, desata algún canalla
que contra el agua muerta de sus vidas arroje
la piedra redentora de una insólita hazaña...
Algún ladrón que asalte ese Banco en la noche,
algún Don Juan que viole esa doncella casta,
algún tahur de oficio que se meta en el pueblo

y revuelva estas gentes honorables y mansas.
¡Piedad, Señor, piedad para mi pobre pueblo
donde mi pobre gente se morirá de nada!

LOS EUCALIPTOS

Evaristo Ribera Chevremont

Veo los eucaliptos que ocupan la colina,
donde reduce el trópico su bárbara violencia.
Más que la luz, benéfico vapor los ilumina.
Son la agradable forma de la benevolencia.

Sus ramas se estremecen, nutridas por la esencia
que el aire en el espacio profundo disemina.
La tierra generosa, la tierra de excelencia,
sus prodigalidades perennes origina.

¡Y qué esplendor el suyo! Celestemente buenos,
los árboles de zumos y olores están llenos.
Pródigos eucaliptos en la diurna flama.

Recibo su abundancia de zumos y de olores,
y siéntome colmado de todos sus favores.
Bajo los eucaliptos la bondad me reclama.

LOS SONETOS DE DIOS
(Fragmentos)

Evaristo Rivera Chevremont

5

Dios me llega en la voz y en el acento.
Dios me llega en la rosa coronada
de luz y estremecida por el viento.
Dios me llega en corriente y marejada.

Dios me llega. Me llega en la mirada.
Dios me llega. Me envuelve con su aliento.
Dios me llega. Con mano desbordada
de mundos, El me imprime movimiento.

Yo soy, desde las cosas exteriores
hasta las interiores, haz de ardores,
de músicas, de impulsos y de aromas.

Y cuando irrumpe el canto que a El me
[mueve,
el canto alcanza, en su estructura leve,
la belleza de un vuelo de palomas.

7

Yo por el arco iris a Dios llego
y a lo corpóreo el canto no limito,
porque a Dios, en mi canto, yo me entrego,
y hallo en Dios el amor de lo infinito.

Por el mar de la luz, a luz, navego;
y en el mar de la luz, por luz, habito,

gozoso de sentir el sumo fuego
que en la palabra se transforma en grito.

Del arco iris, que es secreta vía,
procede la seráfica armonía.
El color y la luz hacen mi canto.

Mídame el mundo en mi cabal altura;
y vea que, en mi canto a la hermosura,
el solo amor de lo infinito canto.

ESPUMA

Evaristo Ribera Chevremont

De lo ligero de la madrugada;
de lo sutil en lo fugaz —neblina,
vapor o nube— queda en el mar fina,
fluyente y tremulante pincelada.

De lo que el mar en su extensión afina
—perla en matización, concha irisada—,
queda un halo brillante en la oleada.
Halo que en pulcra irradiación culmina.

Los pétalos del lirio da la tierra
al mar, y el mar los tiene. El mar encierra
gracias, y gracias a sus gracias suma.

Y va mostrando, cuando la aureola
de la belleza ciñe, en mar y ola,
el blancor indecible de la espuma.

RITORNELLO

José A. Balséiro

Mendelssohn y Schubert, Schumann y Chopin:
los primeros nombres que empecé a gustar...
Mi madre, sentada junto al viejo piano,
cosía y me oía tocar.
Notas inseguras, acordes sin fuerza,
melodía enferma que me hizo soñar
con las rimas estas que guardaba el alma
sin yo poderlo sospechar.
Madre, ¿te recuerdas?... Siempre me decía:
**Cuando sea vieja,
quiero que te sientes a tocarme esas
melodías buenas que hoy te hago estudiar...**
Y yo —sin saberlo— sentía en mi espíritu
melodías nuevas para mi cantar
que nacían siempre, mientras estudiaba,
mientras tú cosías tan juntito a mí
que me parecía, al sentir tu aliento,
otra vaga música oírte aspirar...
(¡Oh tiempos aquéllos, qué buenos, qué lejos!)

Ya empiezan los años a dejar su huella...
Ya tú eres abuela,
y quizá muy pronto padre sea yo.
Ya Schubert y Schumann y Chopin no sólo
llenaron de pena nuestro corazón:
otros también, luego, nos dijeron cosas
hondas; sobre todos, el sordo de Bonn.
(Su tristeza humana, su terror del mundo,
la tragedia amarga que el amor le dio
la he sentido ahora, con todas las fuerzas
que el pobre Beethoven sufrió.)
Madre, ¡cómo cambia la vida en nosotros
y a cada mañana nos da una lección
que olvidamos pronto, pero que nos deja
nuevas cicatrices en el corazón!
Antes, yo reía sin saber la causa;
entonces lloraba sin saber por qué,
y ahora he sabido lo feliz que era
con las ignorancias que ya atrás dejé.
Pero no te creas, lo que ofrezco cumplo,
y en pie, con los años, mi promesa queda...
Una tarde...

     —¿Cuándo?—...
       Todavía espera:
una tarde buena,
cuando seas más vieja,
cruzaré los mares que de ti me alejan,
llegaré hasta América,

bajaré a mi tierra,
y buscando el hogar que ya apenas
en sueños recuerdan
mis ojos, llegaré a tu vera,
cogeré tus manos cansadas y lentas,
para conducirte junto al pobre piano
que apagado suena,
y otra vez, como antes, ¿te acuerdas?
me daré a la música de las notas viejas,
la música aquella
que anhelabas que el hijo aprendiera
para que algún día, cuando ya estuvieras
temblando y pequeña
y peinando las canas de abuela,
te trajera toda la fresca sonrisa
de la Primavera...
(Mendelssohn y Schubert, Schumann y Chopin...)
    Y tú entonces, llena
de emotiva gracia,
cual si floreciera la vida de ayer.
te pondrás otra vez a coser,
aunque de tus ojos se escape una lágrima
que prenda en la aguja, porque
guardará tu alma la emoción romántica
de la edad aquélla, del encanto aquél,
y comprenderemos los amados nombres:
Mendelssohn y Schubert, Schumann y Chopin...

206

BOLIVAR

Luis Llorens Torres

Político, militar, héroe, orador y poeta.
Y en todo, grande. Como las tierras libertadas
                                        [por él.
Por él, que no nació hijo de patria alguna,
sino que muchas patrias nacieron hijas dél.
  Tenía la valentía del que lleva una espada.
Tenía la cortesía del que lleva una flor.
Y entrando en los salones arrojaba la espada.
Y entrando en los combates arrojaba la flor.
  Los picos del Ande no eran más, a sus ojos,
que signos admirativos de sus arrojos.
  Fue un soldado poeta. Un poeta soldado.
Y cada pueblo libertado
era una hazaña del poeta y era un poema del
                                        [soldado.
  Y fue crucificado...

CHILE

Gabriela Mistral
Pablo Neruda
Guillermo Blest Gana
Guillermo Matta
Carlos Mondaca
María Monvel
Carlos Pezoa Velis
Daniel de la Vega
Julio Vicuña Fuentes
Vicente Huidobro
Nicanor Parra
Humberto Díaz Casanueva
Pedro Prado

LOS SONETOS DE LA MUERTE

Gabriela Mistral

I

Del nicho helado en que los hombres te pusieron,
te bajaré a la tierra humilde y soleada.
Que he de morirme en ella los hombres no su-
[pieron,
y que hemos de soñar sobre la misma almohada.

Te acostaré en la tierra soleada con una
dulcedumbre de madre para el hijo dormido,
y la tierra ha de hacerse suavidades de cuna
al recibir tu cuerpo de niño dolorido.

Leugo iré espolvoreando tierra y polvo de rosas
y en la azulada y leve polvareda de luna,
los despojos livianos irán quedando presos.

Me alejaré cantando mis venganzas hermosas,
¡porque a ese hondor recóndito la mano de nin-
[guna
bajará a disputarme tu puñado de huesos!

II

Este largo cansancio se hará mayor un día,
y el alma dirá al cuerpo que no quiere seguir

arrastrando su masa por la rosada vía,
por donde van los hombres, contentos de vivir...

Sentirás que a tu lado cavan briosamente,
que otra dormida llega a la quieta ciudad.
Esperaré que me hayan cubierto totalmente...
¡y después hablaremos por una eternidad!

Sólo entonces sabrás el por qué no madura
para las hondas huesas tu carne todavía,
tuviste que bajar, sin fatiga, a dormir.

Se hará luz en la zona de los sinos, oscura;
sabrás que en nuestra alianza signo de astros
                                        [había
y, roto el pacto enorme, tenías que morir...

III

Malas manos tomaron tu vida desde el día
en que, a una señal de astros, dejara su plantel
nevado de azucenas. En gozo florecía.
Malas manos entraron trágicamente en él...

Y yo dije al Señor: —«Por las sendas mortales
le llevan. ¡Sombra amada que no saben guiar!
¡Arráncalo, Señor, a esas manos fatales
o le hundes en el largo sueño que sabes dar!

¡No le puedo gritar, no le puedo seguir!
Su barca empuja un negro viento de tempestad.
Retórnalo a mis brazos o le siegas en flor».

Se detuvo la barca rosa de su vivir...
¿Que no sé del amor, que no tuve piedad?
¡Tú, que vas a juzgarme, lo comprendes, Señor!

EL RUEGO

Gabriela Mistral

Señor, tú sabes cómo, con encendido brío,
por los seres extraños mi palabra te invoca.
Vengo ahora a pedirte por uno que era mío,
mi vaso de frescura, el panal de mi boca,

cal de mis huesos, dulce razón de la jornada,
gorjeo de mi oído, ceñidor de mi veste.
Me cuido hasta de aquellos en que no puse nada;
¡no tengas ojo torvo si te pido por éste!

Te digo que era bueno, te digo que tenía
el corazón entero a flor de pecho, que era
suave de índole, franco como la luz del día,
henchido de milagro como la primavera.

Me replicas, severo, que es de plegaria indigno

el que no untó de preces sus dos labios febriles,
y se fue aquella tarde sin esperar tu signo,
trizándose las sienes como vasos sutiles.

Pero yo, mi Señor, te arguyo que he tocado,
de la misma manera que el nardo de su frente,
todo su corazón dulce y atormentado,
¡y tenía la seda del capullo naciente!

¿Qué fue cruel? Olvidas, Señor, que le quería,
y él sabía suya la entraña que llagaba.
¿Que enturbió para siempre mis linfas de alegría?
¡No importa! Tú comprende: ¡yo le amaba, le
                                        [amaba!

Y amar (bien sabes de eso) es amargo ejercicio;
un mantener los párpados de lágrimas mojados,
un refrescar de besos las trenzas del silicio,
conservando, bajo ellas, los ojos extasiados.

El hierro que taladra tiene un gustoso frío,
cuando abre, cual gavillas, las carnes amorosas.
Y la cruz (Tú te acuerdas ¡oh Rey de los judíos!)
se lleva con blandura, como un gajo de rosas.

Aquí me estoy, Señor, con la cara caída
sobre el polvo, parlándote un crepúsculo entero,
o todos los crepúsculos a que alcanza la vida,
si tardas en decirme la palabra que espero.

Fatigaré tu oído de preces y sollozos,
lamiendo, lebrel tímido, los bordes de tu manto,
y ni pueden huirme tus ojos amorosos
ni esquivar tu pie el riesgo caliente de mi llanto.

¡Di el perdón, dilo al fin! Va a esparcir en el
[viento
la palabra el perfume de cien pomos de olores
al vaciarse; toda agua será deslumbramiento;
el yermo echará flor y el guijarro esplendores.

Se mojarán los ojos oscuros de las fieras,
y, comprendiendo, el monte que de piedra forjaste
llorará por los párpados blancos de sus neveras:
¡toda la tierra tuya sabrá que perdonaste!

VERGUENZA

Gabriela Mistral

Si tú me miras, yo me vuelvo hermosa
como la hierba a que bajó el rocío,
y desconocerán mi faz gloriosa
las altas cañas cuando baje al río.

Tengo vergüenza de mi boca triste,
de mi voz rota y mis rodillas rudas;
ahora que me miraste y que viniste,
me encontré pobre y me palpé desnuda.

214

Ninguna piedra en el camino hallaste
más desnuda de luz en la alborada
que esta mujer a la que levantaste,
porque oíste su canto, la mirada.

Yo callaré para que no conozcan
mi dicha los que pasan por el llano,
en el fulgor que da a mi frente tosca
y en la tremolación que hay en mi mano...

Es noche y baja a la hierba el rocío;
mírame largo y habla con ternura,
¡que ya mañana, al descender al río,
la que besaste llevará hermosura!

DEBIL DEL ALBA

Pablo Neruda

El día de los desventurados, el día pálido se asoma
con un desgarrador olor frío, con sus fuerzas en
[gris,
sin cascabeles, goteando el alba por todas partes:
es un naufragio en el vacío, con un alrededor de
[llanto.

Porque se fue de tantos sitios la sombra húmeda,
[callada,

de tantas cavilaciones en vano, de tantos parajes
[terrestres
en donde debió ocupar hasta el designio de las
[raíces,
de tanta forma aguda que se defendía.

Yo lloro en medio de lo invadido, entre lo con-
[fuso,
entre el sabor creciente, poniendo el oído
en la pura circulación, en el aumento,
cediendo sin rumbo el paso a lo que arriba,
a lo que surge vestido de cadenas y claveles,
yo sueño, sobrellevando mis vestigios morales.

Nada hay de precipitado, ni de alegre, ni de
[forma orgullosa,
todo aparece haciéndose con evidente pobreza,
la luz de la tierra sale de sus párpados
no como la campanada, sino más bien como las
[lágrimas:
el tejido del día, su lienzo débil,
sirve para una venda de enfermos, sirve para hacer
[señas
en una despedida, detrás de la ausencia:
es el color que sólo quiere reemplazar,
cubrir, tragar, vencer, hacer distancias.

Estoy solo entre materias desvencijadas,
la lluvia cae sobre mí, y se me parece,

se me parece con su desvarío, solitaria en el
[mundo muerto,
rechazada al caer, y sin forma obstinada.

ARTE POETICA

Pablo Neruda

Entre sombra y espacio, entre guarniciones y
[doncellas,
dotado de corazón singular y sueños funestos,
precipitadamente pálido, marchito en la frente,
y con luto de viudo furioso por cada día de mi
[vida,
ay, para cada agua invisible que bebo soñolienta-
[mente
y de todo sonido que acojo temblando,
tengo la misma sed ausente y la misma fiebre fría,
un oído que nace, una angustia indirecta,
como si llegaran ladrones o fantasmas,
y en una cáscara de extensión fija y profunda,
como un camarero humillado, como una campana
[un poco ronca,
como un espejo viejo, como un olor de casa sola
en la que los huéspedes entran de noche perdida-
[mente ebrios,
y hay un olor de ropa tirada al suelo, y una au-
[sencia de flores,

217

—posiblemente de otro modo aún menos melan-
[cólico—,
pero, la verdad, de pronto, el viento que azota
[mi pecho,
las noches de sustancia infinita caídas en mi dor-
[mitorio,
el ruido de un día que arde con sacrificio
me piden lo profético que hay en mí, con melan-
[colía
y un golpe de objetos que llaman sin ser res-
[pondidos
hay, y un movimiento sin tregua, y un nombre
[confuso.

QUE DESPIERTE EL LEÑADOR

(Fragmentos)

Pablo Neruda

Que despierte el leñador.
Que venga Abraham con su hacha
y con su plato de madera
a comer con los campesinos.
Que su cabeza de corteza,
sus ojos vistos en las tablas,
en las arrugas de la encina,
vuelvan a mirar el mundo
subiendo sobre los follajes,
más altos que las sequías.
Que entre a comprar en las farmacias,

que tome un autobús a Tampa,
que muerda una manzana amarilla,
que entre en un cine, que converse,
con toda la gente sencilla,
Que despierte el Leñador,
Que venga Abraham, que hinche
su vieja levadura la tierra
dorada y verde de Illinois
y levante el hacha en su pueblo
contra los nuevos esclavistas,
contra el látigo del esclavo,
contra el veneno de la imprenta,
contra la mercadería
sangrienta que quieren vender.
Que marchen cantando y sonriendo
el joven blanco, el joven negro
contra las paredes de oro
contra el fabricante de odio,
contra el mercader de su sangre,
cantando, sonriendo y venciendo.
Que despierte el leñador.

VI

Paz para los crepúsculos que vienen,
paz para el puente, para el vino,
paz para las letras que me buscan
y que en mi sangre suben enredando
el viejo canto con tierra y amores.
Paz para la ciudad en la mañana

cuando despierta el pan, paz para el río
Missisipi, río de las raíces,
paz para la camisa de mi hermano
paz en el libro como un sello en el aire,
paz para el gran koljoz de Kiev;
paz para las cenizas de estos muertos
y de estos otros muertos, paz para el hierro
negro de Brooklyn, paz para el cartero
de casa en casa como el día,
paz para el coreógrafo que grita
con un embudo a las enredaderas,
paz para mi mano derecha,
que sólo quiere escribir Rosario,
paz para el boliviano secreto
como una piedra de estaño, paz
para que tú te cases, paz para todos
los aserraderos de Bio-Bio,
paz para el corazón desgarrado
de España guerrillera, paz para el pequeño
                              [Museo de Wyoming
en donde lo más dulce
es una almohada con un corazón bordado
paz para el panadero y sus amores
y paz para la harina, paz
para todo el trigo que debe nacer,
para todo el amor que buscará follajes,
para todos los que viven: paz
para todas las tierras y las aguas.

Yo aquí me despido, vuelvo
a mi casa, en mis sueños,
vuelvo a la Patagonia en donde
el viento golpea los establos
y salpica hielo el océano.
Soy nada más que un poeta: os amo a todos,
ando errante por el mundo que amo;
en mi patria encarcelan mineros
y los soldados mandan a los jueces.
Pero yo amo hasta las raíces
de mi pequeño país frío;
si tuviera que morir mil veces
allí quiero morir,
si tuviera que nacer mil veces
allí quiero nacer,
cerca de la araucaria salvaje,
del vendaval del viento sur,
de las campanas recién compradas.

Que nadie piense en mí.
Pensemos en toda la tierra,
golpeando con amor en la mesa.
No quiero que vuelva la sangre
a empapar el pan, los frijoles,
la música: quiero que vengan
conmigo el minero, la niña,
el abogado, el marinero,
el fabricante de muñecas,
que entremos al cine y salgamos

a beber el vino más rojo.
Yo no vengo a resolver nada.
Yo vine aquí para cantar
y para que cantes conmigo.

A LA MUERTE

Guillermo Blest Gana

Seres queridos te miré, sañuda,
arrebatarme, y te juzgue implacable
como la desventura, inexorable
como el dolor y cruel como la duda.

Mas hoy que a mí te acercas fría, muda
sin odio y sin amor, ni hosca, ni afable,
en ti la majestad de lo insondable
y lo eterno mi espíritu saluda.

Y yo, sin la impaciencia del suicida,
ni el pavor del feliz, ni el miedo inerte
del criminal, aguardo tu venida;

que igual a la de todos es mi suerte:
cuando nada se espera de la vida,
algo debe esperarse de la muerte.

MIRADA RETROSPECTIVA

Al llegar a la página postrera
de la tragicomedia de mi vida,
vuelvo mi vista al punto de partida,
con el dolor del que ya nada espera.

¡Cuánta bella ilusión que fue quimera!
¡Cuánta noble ambición desvanecida!
¡Sembrada está la senda recorrida
con las flores de aquella primavera!

En esta hora fúnebre y sombría,
de severa verdad y desencanto,
de sereno dolor y de agonía,

es mi mayor pesar, es mi quebranto
no haber amado más, yo que creía,
yo que pensaba haber amado tanto.

TARDE EN EL HOSPITAL

Carlos Pezoa Véliz

Sobre el campo el agua mustia
cae fina, grácil, leve;
con el agua cae angustia:
llueve.

223

Y pues solo en amplia pieza
yazgo en cama, yazgo enfermo,
para espantar la tristeza,
duermo.

Pero el agua ha lloriqueado
junto a mí, cansada, leve;
despierto sobresaltado;
llueve.

Entonces, muerto de angustia,
ante el panorama inmenso,
mientras con el agua mustia,
pienso.

NADA

Carlos Pezoa Velis

Era un pobre diablo que siempre venía
cerca de un gran pueblo donde yo vivía;
joven, rubio y flaco, sucio y mal vestido,
siempre cabizbajo... ¡Tal vez un perdido!
Un día de invierno lo encontraron muerto,
dentro de un arroyo próximo a mi huerto,
varios cazadores que con sus lebreles
cantando marchaban... Entre sus papeles
no encontraron nada... Los jueces de turno
hicieron preguntas al guardián nocturno:

éste no sabía nada del extinto;
ni el vecino Pérez, ni el vecino Pinto.
Una chica dijo que sería un loco
o algún vagabundo que comía poco,
y un chusco que oía las conversaciones
se tentó de risa... ¡Vaya, unos simplones!
Una paletada le echó el panteonero;
luego lió un cigarro, se caló el sombrero
y emprendió la vuelta...!Tras la paletada,
nadie dijo nada, nadie dijo nada!...

LA MIMOSITA

Julio Vicuña Cifuentes

Ojos de gacela de la Mimosita,
rizos de azabache de la Mimosita,
manos nacaradas de la Mimosita,
¿en dónde ahora están?

Los alegres cantos, voces de la aurora,
los dulces arrullos con que a veces llora,
¿qué oídos ahora
los escucharán?

Las vecinas cuentan que se fue muy lejos;
que vendrá muy pronto; que no volverá.
La humilde casita de los muebles viejos
con una herradura clausurada.
¡Misterio! ¿Qué habrá?

Las vecinas cuentan que se fue muy lejos;
que reía alegre; que llorando va.
Una vieja fea que se dice tía,
con ella, sin duda, cual antes irá.
Pobre Mimosita; de tal compañía,
¿qué mano piadosa la defenderá?
nadie lo verá.
Y esa vieja fea que se dice tía
a buenos lugares no la llevará.
¡Qué recuerdo! Un hombre de mirada
                              [aviesa

rondaba su casa un mes hace ya.
Ella le temía; su boca de fresa
así me lo dijo cuando estuve allá.
¿Vendrá? ¿No vendrá?
Sin duda aquel hombre de mirada aviesa
la llevó robada y no volverá.
Era rico el hombre: cadenas, sortijas
lucía con aires de fastuosidad.
Y dicen que hay madres que venden sus
                              [hijas,
y hombres que las compran en tan tierna
                              [edad.

¡Qué perversidad!
Era rico el hombre: cadenas, sortijas
habrán sido el precio de su castidad.
Ojos de gacela de la Mimosita,
rizos de azabache de la Mimosita,

manos nacaradas de la Mimosita,
no os quiero evocar.
Lejos de su dulce voz arrulladora,
¿quién sabe si ríe, quién sabe si llora?
Mejor es ahora
su historia olvidar.

EL ASNO

Julio Vicuña Cifuentes

En la dehesa sátiro, en el corral asceta,
paciente como Job, como Falstaff deforme,
con gravedad de apóstol, sobre la frente quieta
lleva los dos apéndices en su cabeza enorme.

Ni la hartura le halaga, ni el ayuno le aprieta
con su destino vive, si no feliz, conforme,
y prolonga su efigie de contrahecho atleta
en una innumerable generación biforme.

Vivió noches amargas, tuvo días lozanos;
le cabalgaron númenes, le afligieron villanos;
unas veces la jáquima, otras veces el freno.

Honores y trabajos tiempo ha, los dio al
[olvido
pero siempre recuerda su pellejo curtido
la presión inefable del dulce Nazareno.

A MI MADRE

Guillermo Matta

¡Ah! ¡qué dolor iguala al que sentimos
cuando vemos cadáver macilento
el cuerpo de la madre que quisimos,
árido el seno que nos dio alimento,
adonde tantas veces nos dormimos,
al blando arrullo de su suave acento;
muda la boca, inmóviles los brazos,
pródigos en cariños y en abrazos!

¡Una madre! ¡una madre! es la primera
blanca estrella de amor que pura brilla
junto a la cuna y en la incierta esfera,
do vaga incierta la niñez sencilla.

La voz que en el dolor nos dice: ¡Espera!
puerto de salvación, última orilla,
adonde llega el náufrago del mundo,
para aguardar la paz del moribundo.

¡Una madre es la luz, es la existencia!
es el único amor que no concluye,
que dentro el corazón como una esencia,
que purifica, esparramando fluye.

Cuando abate el pesar toda creencia,
jamás esta creencia se destruye;
y queda en nuestras almas tan asida,
¡que parece la yedra de la vida!

Doquiera siempre igual, conmigo viene
como celeste incógnita armonía,
tu nombre el corazón grabado tiene,
y lo tiene también mi fantasía,
¡El será el eco postrimer que suene
en mis murientes labios, madre mía!
y será en mi sepulcro, relicario
que guardarán mi losa y mi sudario!

CANSANCIO

Carlos Mondaca

Quién pudiera dormirse como se duerme un
[niño
sonreír entre sueño del dolor,
y soñar con amigos y soñar con el cariño,
y hundirse poco a poco en un sueño mayor.

Y cruzar por la vida sonambulescamente,
los ojos muy abiertos sobre un mundo interior
con los labios sellados, mudos eternamente,
atento sólo al ritmo del propio corazón...

Y pasar por la vida sin dejar una huella...
Ser el pobre arroyuelo que se evapora al sol...
Y perderse una noche como muere una estrella,
que ardió millares de años y que nadie la vio...

LA MUJER QUE ADOPTO UN HIJO...

María Monvel

Mujer frívola y rica, has adoptado un hijo.
Tu dinero ha comprado cuantas cosas deseó.
Pero no quieres nada, mujer frívola y rica
¡nada! más que aquel hijo que te negara Dios.

Has hecho buena obra. El dinero de sobra,
en el hijo adoptado lo gastarás mejor.
Lo elegiste hermoso para sus trajes ricos,
para que harmonizase dentro de tu esplendor.

Después de tantos años de vida vana y hueca,
¿por qué adoptar un hijo? ¿Sentiste el sinsabor,
el vacío insufrible, la avidez tenebrosa
que la mujer sin hijos lleva en el corazón?

Dios me perdone, "madre", mi pensamiento
                                        [ingrato
cuando vas con "tu hijo" siento angustia y rubor,
el rubor y la angustia de la mentira cierta.
Cuando te llaman "madre", digo: profanación.

Siento piedad del niño que llevas a tu vera,
piedad por su elegancia y piedad por tu amor,
y me lleno de lágrimas interiores y obscuras,
porque teniendo "madre", nunca la conoció.

Juguete de tu oro, juguete nuevo y lindo.
juguete de quien tantos juguetes destrozó.
Inocencia confiada que va diciendo: ¡madre!
¡te estrechara llorando contra mi corazón!

LA RAIZ DE LA VOZ

Vicente Huidobro

Cada día me trae un vestido de sorpresas
Y un nuevo fuego a mi fuego interno
El alma tiene su oficio de pesadumbres
Que es como un agua de recuerdos
O de árboles que se mueven para parecerse al mar
Siento algo que sube de mis negras regiones
Y que pretende devolverme al cielo
Acaso dar mis ansias a la estrella que quiso
                                        apadrinarme
Hay una voz desterrada que persiste en mis
                                        [sueños
Que viene atravesándome desde mis primeros
                                        [días
Y que ha cruzado la larga cadena de mis ascen-
                                        [dientes
Hay una luz de carne que persiste en mis noches
Que ata a ciertas almas con sus rayos
Hay una esperanza devoradora
Un presagio de cumbre tocada con las manos
Un presagio ascendiendo como una flor de sed
Más poderoso que el canto de las lejanías escu-
                                        [chado por el prisionero
Hay algo que quiere hacer nacer mis modos no
                                        [nacidos

Los trozos ignorados de mi ser silencioso
Tanto ha quedado en laberintos insaciables
O se han llevado los espejos mortales sin reparar
[en el peligro de las sombras
Hay una noción de lágrimas y cálidas palabras
Que también han venido atravesando ríos
Y épocas como ciudades enterradas
Hay un trabajo de raíces sin sueño
Y al mismo tiempo una formación de distancias
Por la cual sangraremos a ciertas horas
Hay un latir de cosas que van a madurar tinieblas
Y buscan su palabra precisa para vivir entre nos-
[otros
Buscan su olor distinto como lo busca cada flor
De todo esto será nuestro futuro
Y también hay un goce de campanas deshacién-
[dose de sus grandes sonidos

¡Oh transparencia de la soledad!
¡Oh libertad de augurio suspendido!
¡Oh filtro de la íntima conciencia que llora su
[destino!
Has escuchado tanto tu propia voz
Agonizando suspendida de ciertas células

Sin voluntad de espanto...
Escucha ahora la voz del mundo

Mira la vida que ondula como un árbol llamando
[al sol
Cuando un hombre está tocando sus raíces
La tierra canta con los astros hermanos

HAY UN DIA FELIZ

Nicanor Parra

A recorrer me dediqué esta tarde
las solitarias calles de mi aldea
acompañado por el buen crepúsculo
que es el único amigo que me queda.
Todo está como entonces, el otoño
y su difusa lámpara de niebla,
sólo que el tiempo lo ha invadido todo
con su pálido manto de tristeza.
Nunca pensé, creédmelo, un instante
volver a ver esta querida tierra,
pero ahora que he vuelto no comprendo
cómo pude alejarme de su puerta.
Nada ha cambiado, ni sus casas blancas
ni sus viejos portones de madera.
Todo está en su lugar; las golondrinas
en la torre más alta de la iglesia;
el caracol en el jardín; y el musgo
en las húmedas manos de las piedras
No se puede dudar, éste es el reino
del cielo azul y de las hojas secas

en donde todo y cada cosa tiene
su singular y plácida leyenda:
hasta en la propia sombra reconozco
la mirada celeste de mi abuela.

Estos fueron los hechos memorables
que presenció mi juventud primera,
el correr en la esquina de la plaza
y la humedad en las murallas viejas.
¡Buena cosa, Dios mío!, nunca sabe
uno apreciar la dicha verdadera,
cuando la imaginamos más lejana
es justamente cuando está más cerca.

¡Ay de mí! ¡ay de mí!, algo me dice
que la vida no es más que una quimera:
una ilusión, un sueño sin orillas,
una pequeña nube pasajera.

Vamos por partes, no sé bien qué digo,
la emoción se me sube a la cabeza.
Como ya era la hora del silencio
cuando emprendí mi singular empresa,
unas tras otra, en oleaje mudo,
al establo volvían las ovejas.

Las saludé personalmente a todas
y cuando estuve frente a la arboleda
que alimenta el oído del viajero
con su inefable música secreta
recordé el mar y enumeré las hojas
en homenaje a mis hermanas muertas.

Perfectamente bien. Seguí mi viaje
como quien de la vida nada espera.
Pasé frente a la rueda del molino.
Me detuve delante de una tienda:
el olor del café siempre es el mismo.
Siempre la misma luna en mi cabeza,
entre el río de entonces y el de ahora
no distingo ninguna diferencia.
Lo reconozco bien, éste es el árbol
que mi padre plantó frente a la puerta
(ilustre padre que en sus buenos tiempos
fuera mejor que una ventana abierta).
Yo me atrevo a afirmar que su conducta
era un trasunto fiel de la Edad Media
cuando el perro dormía dulcemente
bajo el ángulo recto de una estrella.
A estas alturas siento que me envuelve
el delicado olor de las violetas
que mi amorosa madre cultivaba
para curar la tos y la tristeza.
Cuánto tiempo ha pasado desde entonces
no podría decirlo con certeza;
todo está igual, seguramente,
el vino y el ruiseñor encima de la mesa,
mis hermanos menores a esta hora
deben venir de vuelta de la escuela:
¡sólo que el tiempo lo ha borrado todo
como una blanca tempestad de arena!

EPITAFIO

De estatura mediana,
con una voz ni delgada ni gruesa,
hijo mayor de un profesor primario
y de una modista de trastienda;
flaco de nacimiento
aunque devoto de la buena mesa;
de mejillas escuálidas
y de más bien abundantes orejas;
con un rostro cuadrado
en que los ojos se abren apenas
y una nariz de boxeador mulato
baja la boca de ídolo azteca
—todo esto bañado
por una luz entre irónica y pérfida—
ni muy listo ni tonto de remate
fui lo que fui: una mezcla
de vinagre y de aceite de comer
¡un embutido de ángel y bestia!

LA VISION

Humberto Díaz Casanueva

Yacía obscuro, los párpados caídos hacia lo terrible
acaso en el fin del mundo, con estas dos manos
[insomnes

236

entre el viento que me cruzaba con sus restos de
[cielo.
Entonces ninguna idea tuve, en una blancura
[enorme
se perdieron mis sienes como desangradas coronas
y mis huesos resplandecieron como bronces sa-
[grados.
Tocaba aquella cima de donde el alma mana
[suavemente
con mis manos que traslucían un mar en orden
[mágico.
Era el camino más puro y era la luz ya sólida
por aguas dormidas, resbalaba hacia mis orígenes
quebrando mi piel blanca, sólo su aceite brillaba.
Nacía mi ser matinal, acaso de la tierra o del
[cielo
que esperaba desde antaño y cuyo paso de sombra
apagó mi oído que zumbaba como el nido del
[viento.
Por primera vez fui lúcido mas sin mi lengua ni
[mis ecos
sin lágrimas, revelándome nociones y doradas
[melodías;
solté una paloma y ella cerraba mi sangre en el
[silencio,
comprendí que la frente se formaba sobre un
[vasto sueño

como una lenta costra sobre una herida que mana
[sin cesar.
Eso es todo, la noche hacía de mis brazos ramos
[secretos
y acaso mi espalda ya se cuajaba en su misma
[sombra.
Torné a lo obscuro, a larva reprimida otra vez
[en mi frente
y un terror hizo que gozara de mi corazón en
[claros cantos.
Estoy seguro que he tentado las cenizas de mi
[propia muerte,
aquellas que dentro del sueño hacen mi más
[profundo desvelo.

LOS PENITENCIALES

(Fragmento)

Duele la carne salida de
la nada
y que allí retorna
pero llena de candentes
escrituras
Me arranco la carne de mi
carne

A los muertos canté y
presintiendo

que una fuerza terrible
les sobraba
como

los
locos
Pero ellos se valieron
de mi fuerza

Duele la memoria en que
disiento
La nada que me espera
ha sido ya la
misma?
Torno si muero al fondo
donde puedo seguir siendo
ninguno
como si nada hubiera
sucedido?

Mi memoria está nevando
en otro mundo
Mis ojos se parten como
hongos
La lágrima prolonga a la
mirada

Todo es ya distinto y si
imaginara
acabar mi origen

jamás pudiera
porque sobre en el abismo
de las causas

Dejar de ser no es igual
a no haber sido

EL BORDADO INCONCLUSO

Daniel de la Vega

La monótona vida provinciana
rueda olorosa, tímida, inocente;
llora un cantar, rezonga una campana
y las tardes se apagan mansamente.

Las muchachas detrás de los balcones
contemplan florecer las primaveras,
y entretienen sus locos corazones
con quimeras, quimeras y quimeras...

¿No viene el novio? Y tienden la mirada
sobre las soledades de la vía...
—¿Viene el novio? —preguntan— ¿Viene? ¡Nada!
Y suspiran: —¡No viene todavía!

Todo es monótono en el pueblo. Todo
duerme una siesta blanda y conventual,
todo sigue rodando de igual modo,
igual la angustia y el paisaje igual...

Alguna vez penetra en una casa

el amor loco, lírico y triunfal;
   deja en el aire ensueños. . . pero pasa. . .
Y el pueblo sigue exactamente igual. . .
—¿Pasó el amor? —pregunta la campana.
Un curioso pregunta: —¿Quién lo vio?
¿Pasó el amor? Y en la quietud poblana
ninguno sabe si el amor pasó. . .
   Pero el poeta que escribió este cuento
dice que cuando empieza a atardecer,
los corazones saben que en el viento
hay humedad de llanto de mujer. . .
   Sobre este asunto rueda la historieta
tejida con vellones de emoción;
la escucharéis de labios del poeta
como de corazón a corazón.

LA ROSA DESVELADA

Pedro Prado

Si tu supieras lo que buscas tanto,
   si no ignorase lo que tanto anhelo,
ni tú tendrías desespero y llanto,
ni yo dudara del azul del cielo.
Los dos sentimos que nos cubre un velo,
pero ahora ese desvelo yo levanto;
y ambos sabemos que termina en duelo,
entre un misterio prodigioso y santo.

Algo agoniza, y al morir transido,
surge de la visible sepultura
la rosa del amor que, hacia el olvido,
en el eterno olvido siempre dura;
mas allá del amor hemos vivido,
allí donde el amor se transfigura.

PRELUDIO

Pedro Prado

El gran silencio la quietud exprime
como a un fruto de ácida dulzura;
se escucha entre la sombra que perdura
un vago arrullo que acaricia y gime.
Como un azul despliegue que palpita,
en leve indicio pasa y va ondulante,
emergiendo en mi sueño, semejante
al más dormido cuando el pez lo agita.
Imagen rota de mi amor disperso
que la distancia del recuerdo humilla:
como un espejo, todo el universo,
deshecho en resplandor, me ciega y brilla.
Tal si vertiese un canto la azucena,
leve de espuma y vuelo, así indeciso,
y quedase escuchándolo, rehizo
mi ardiente olvido la perdida pena.
¿De que materia y luz rehace el vuelo,

de que ignoto perfume desatado,
de qué designio y concepción de cielo,
de qué rumbo y amor nunca esperado?
Grávida de nobleza, de una suave
celeste luz que toda la ilumina,
invisibles las alas, se encamina
plegado el canto que denota, el ave.
Sin la vana palabra que trasciende
límites a la forma y su sentido,
la música de un pétalo caído
la expresa en el silencio, que la entiende.
Bordadora del sueño, amiga mía,
en aire claro y en sutiles vientos,
¿tañedora de cuáles instrumentos,
la luz realzas al herir el día?
Te veo cual ninguna a ti te viera,
alma de rosa azul resplandeciente,
bogando a la deriva en la corriente,
del eco de la luna prisionera.
Como a la ola de la última marea,
oigo al silencio deshacer su espuma;
la sombra de su música me abruma
y me rinde hasta el peso de una idea.
Déjame en esta altura en que culminas,
mientras tu mano en el laúd descansa;
¡oh fuente original de la esperanza,
sin alas quedo cuando tu terminas!
Mi vida es como un vuelo detenido

que persigue en un ansia insatisfecha,
al caer disparado de una flecha,
que se queda en los aires suspendido.
Fuego del alma, y de la vida cumbre,
entro en la luz que desvanece el viento,
cual si entrara en mi propio pensamiento...
¡delicia pura y pura pesadumbre!

NICARAGUA

Rubén Darío

José Coronel Urtecho

Salomón de la Selva

Manolo Cuadra

Pablo Antonio Cuadra

CELTA

CANCION DE OTOÑO DE PRIMAVERA

Rubén Darío

Juventud, divino tesoro
¡ya te vas para no volver!
Cuando quiero llorar, no lloro,
y a veces lloro sin querer...

Plural ha sido la celeste
historia de mi corazón.
Era una dulce niña en este
mundo de duelo y aflicción.

Miraba como el alba pura;
sonreía como una flor.
Era su cabellera oscura,
hecha de noche y dolor.

Yo era tímido como un niño.
Ella, naturalmente, fue,
para mi amor hecho de armiño,
Herodías y Salomé...

Juventud, divino tesoro,
¡ya te vas para no volver!...
Cuando quiero llorar, no lloro,
y a veces lloro sin querer...

Y más consoladora y más

halagadora y expresiva,
la otra fue más sensitiva
cual no pensé encontrar jamás.

Pues a su continua ternura
una pasión violenta unía.
En un peplo de gasa pura
una vacante se envolvía...

En sus brazos tomó mi sueño
y lo arrulló como a un bebé...
Y le mató, triste y pequeño,
falto de luz, falto de fe...

Juventud, divino tesoro,
¡te fuiste para no volver!
Cuando quiero llorar, no lloro,
y a veces lloro sin querer...

Otra juzgó que era mi boca
el estuche de su pasión.
y que me roería, loca,
con sus dientes el corazón,

poniendo en un amor de exceso
la mira de su voluntad,
mientras eran abrazo y beso
síntesis de la eternidad;

y de nuestra carne ligera

imaginar siempre un Edén,
sin pensar que la primavera
y la carne acaban también...

Juventud, divino tesoro,
¡ya te vas para no volver!...
Cuando quiero llorar, no lloro,
¡y a veces lloro sin querer!

¡Y a los demás!, en tantos climas,
en tantas tierras siempre son,
si no pretextos de mis rimas,
fantasmas de mi corazón.

En vano busqué a la princesa
que estaba triste de esperar.
La vida es dura, amarga y pesa.
¡Ya no hay princesas que cantar!

Mas, a pesar del tiempo terco,
mi sed de amor no tiene fin;
con el cabello gris, me acerco
a los rosales del jardín...

Juventud, divino tesoro,
ya te vas para no volver...
Cuando quiero llorar, no lloro,
y a veces lloro sin querer...

¡Mas es mía el alba de oro!

MARCHA TRIUNFAL

Rubén Darío

¡Ya viene el cortejo!
¡Ya viene el cortejo! Ya se oyen los claros clarines.
La espada se anuncia con vivo reflejo;
ya viene, oro y hierro, el cortejo de los paladines.

Ya pasa debajo los arcos ornados de blancas Mi-
                         [nervas y Martes,
los arcos triunfales en donde las famas erigen sus
                         [largas trompetas,
la gloria solemne de los estandartes,
llevados por manos robustas de heroicos atletas.

Se escucha el ruido que forman las armas de los
                         [caballeros,
los frenos que mascan los fuertes caballos de
                         [guerra,
los cascos que hieren la tierra,
y los timbaleros,
que el paso acompasan con ritmos marciales.
¡Tal pasan los fieros guerreros
debajo los arcos triunfales!

Los claros clarines de pronto levantan los sones
su canto sonoro,

su cálido coro,
que envuelve en un trono de oro
la angustia soberbia de los pabellones.

El dice la lucha, la herida venganza,
las ásperas crines,
los rudos penachos, la pica, la lanza,
la que riega de heroicos carmines
la tierra;
los negros mastines
que azuza la muerte, que rige la guerra.

Los áureos sonidos
anuncian el advenimiento
triunfal de la gloria;
dejando el picacho que guarda sus nidos,
tendiendo sus alas enormes al viento,
los cóndores llegan. ¡Llegó la victoria!
Ya pasa el cortejo.
Señala el abuelo los héroes al niño
—ved como la barba del viejo
los bucles de oro circundan de armiño—.
Las bellas mujeres aprestan coronas de flores,
y bajo los pórticos vense sus rostros de rosa;

y la más hermosa
sonríe al más fiero de los vencedores.
¡Honor al que trae cautiva la extraña bandera!

¡Honor al herido y honor a los fieles
soldados que muerte encontraron por mano ex-
[tranjera!
¡Clarines! ¡Laureles!

Las nobles espadas de tiempos gloriosos
desde sus panoplias saludan las nuevas coronas y
[lauros:
—las viejas espadas de los granaderos, más fuertes
[que osos,
hermanos de aquellos lanceros que fueron centau-
[ros—.
Las trompas guerreras resuenan;
de voces los aires se llenan...
A aquellas antiguas espadas,
a aquellos ilustres aceros,
que encarnan las glorias pasadas.
Y al sol que hoy alumbra las nuevas victorias
[ganadas.
Y al héroe que guía su grupo de jóvenes fieros;
al que ama la insignia del suelo materno;
al que ha desafiado, ceñido el acero y el arma en
[en la mano,
los soles del rojo verano,
las nieves y vientos del gélido invierno,
la noche, la escarcha,
y el odio y la muerte, por ser por la patria in-
[mortal,

¡saludan con voces de bronce las trompas de
                              [guerra que
tocan la marcha triunfal!

ERA UN AIRE SUAVE

Rubén Darío

Era un aire suave, de pausados gritos
el hada Armonía ritmaba sus vuelos,
e iban frases vagas y tenues suspiros
entre los sollozos de los violoncelos.

Sobre la terraza, junto a los ramajes,
diríase un trémolo de liras eolias
cuando acariciaban los sedosos trajes,
sobre el talle erguidas, las blancas magnolias.

La marquesa Eulalia risas y desvíos
daba a un tiempo mismo para dos rivales;
el vizconde rubio de los desafíos
y el abate joven de los madrigales.

Cerca, coronado con hojas de viña,
reía en su máscara Término barbudo,
y, como un efebo que fuese una niña,
mostraba una Diana su mármol desnudo.

Y bajo un boscaje del amor palestra,
sobre rico Zócalo al modo de Jonia,
con un candelabro prendido en la diestra
volaba el Mercurio de Juan de Bolonia.

La orquesta perlaba sus mágicas notas;
un coro de sones alados se oía;
galantes pavanas, fugaces gavotas
cantaban los dulces violines de Hungría.

Al oír las quejas de sus caballeros,
ríe, ríe, ríe la divina Eulalia,
pues son su tesoro las flechas de Eros,
el cinto de Cipria, la rueca de Onfalia.

¡Ay de quien sus mieles y frases recoja!
¡Ay de quien del canto de su amor se fíe!
Con sus ojos lindos y su boca roja,
la divina Eulalia ríe, ríe, ríe.

Tiene azules ojos, es maligna y bella;
cuando mira, vierte viva luz extraña;
se asoma a sus húmedas pupilas de estrella
el alma del rubio cristal de Champaña.

Es noche de fiesta, y el baile de trajes
ostenta sus glorias de triunfos mundanos.
La divina Eulalia, vestida de encajes,
una flor destroza con sus tersas manos.

El teclado armónico de su risa fina
a la alegre música de un pájaro iguala,
con los staccati de una bailarina
y las locas fugas de una colegiala.

¡Amoroso pájaro que trinos exhala
bajo el ala a veces ocultando el pico;
que desdenes rudos lanza bajo el ala,
bajo el ala aleve del leve abanico!

Cuando a media noche sus notas arranque
y en arpegios áureos gima Filomela,
y el ebúrneo cisne, sobre el quieto estanque,
como blanca góndola imprima su estela,

la marquesa, alegre, llegará al boscaje,
boscaje que cubre la amable glorieta
donde han de estrecharla los brazos de un
[paje,
que siendo su paje será su poeta.

Al compás de un canto de artista de Italia
que en la brisa errante la orquesta deslíe,
junto a los rivales, la divina Eulalia,
la divina Eulalia ríe, ríe, ríe.

¿Fue acaso en el tiempo del rey Luis de
[Fancia,

sol con corte de astros, en campos de azur,
cuando los alcázares llenó de fragancia
la regia y pomposa rosa Pompadour?

¿Fue cuando la bella su falda cogía
con dedos de ninfa, bailando el minué,
y de los compases el ritmo seguía
sobre el tacón rojo, lindo y leve el pie?

¿O cuando pastoras de floridos valles
ornaban sus cintas sus albos corderos,
y oían, divinas Tirsis de Versalles,
las declaraciones de sus caballeros?

¿Fue en ese buen tiempo de duques pastores.
de amantes princesas y tiernos galantes,
cuando entre sonrisas y perlas y flores
iban las casacas de los chambelanes?

¿Fue acaso en el Norte o en el Mediodía?
Yo el tiempo y el día y el país ignoro:
pero sé que Eulalia ríe todavía,
¡y es cruel y eterna su risa de oro!

LOS MOTIVOS DEL LOBO

Rubén Darío

El varón que tiene corazón de lis,
alma de querube, lengua celestial,
el mínimo y dulce Francisco de Asís,
está con un rudo y torvo animal,
bestia temerosa de sangre y de robo,
las fauces de furia, los ojos de mal:
el lobo de Gubbia, el terrible lobo.
Rabioso ha asolado los alrededores,
cruel ha deshecho todos los rebaños;
devoró corderos, devoró pastores,
y son incontables sus muertes y daños.

Francisco salió:
al lobo buscó
en su madriguera.
Cerca de la cueva encontró a la fiera
enorme, que al verle se lanzó feroz
contra él. Francisco, con su dulce voz,
alzando la mano,
al lobo furioso dijo: —¡Paz, hermano
lobo! —El animal
contempló al varón de tosco sayal,
dejó su aire arisco,
cerró las abiertas fauces agresivas,

y dijo: —¡Está bien, hermano Francisco!
—¡Cómo! —exclamó el santo—. ¿Es ley que
                                   [tu vivas

de horror y de muerte?
¿La sangre que vierte
tu hocico diabólico, el duelo y espanto
que esparces, el llanto
de los campesinos, el grito de dolor
no han de detener tu encono infernal?
¿Vienes del infierno?
¿Te ha infundido acaso su rencor eterno
Luzbel o Belial?—
Y el gran lobo, humilde: —¡Es duro el in-
                                   [vierno

y es horrible el hambre! En el bosque helado
no hallé qué comer: y busqué el ganado,
y en veces comí ganado y pastor.
¿La sangre? Yo vi más de un cazador
sobre su caballo, llevando el azor
al puño; o correr tras el jabalí,
el oso o el ciervo; y a más de uno vi
mancharse de sangre, herir, torturar
de las roncas trompas al sordo clamor,
a los animales de nuestro Señor.
Y no era por hambre que iban a cazar—.

Francisco responde: —En el hombre existe
mala levadura.

Cuando nace viene con pecado. Es triste.
Mas el alma simple de la bestia es pura.
Tú vas a tener
desde hoy qué comer.
Dejaréis en paz
rebaños y gente en este país.
¡Qué Dios melifique tu ser montaraz!
—Está bien, hermano Francisco de Asís.

—Ante el Señor, que todo ata y desata,
con fe de promesa, tiéndeme la pata—.
El lobo tendió la pata al hermano
de Asís, que, a su vez, le alargó la mano.

Fueron a la aldea. La gente veía
y lo que miraba casi no creía.
Tras el religioso iba el lobo fiero,
y, baja la testa, quieto le seguía
como un can de casa o como un cordero.
Francisco llamó la gente a la plaza
y allí predicó.
Y dijo: —He aquí una amable caza.
El hermano lobo se viene conmigo;
me juró no ser ya nuestro enemigo
y no repetir su ataque sangriento.
Vosotros, en cambio, daréis su alimento
a la pobre bestia de Dios. —¡Así sea!
—contestó la gente toda de la aldea.
Y luego, en señal

de contentamiento,
movió testa y cola el buen animal,
y entró con Francisco de Asís al convento.

Algún tiempo estuvo el lobo tranquilo
en el santo asilo.
Sus bastas orejas los salmos oían
y los claros ojos se le humedecían.
Aprendió mil gracias y hacía mil juegos
cuando a la cocina iba con los legos.
Y cuando Francisco su oración hacía,
el lobo las pobres sandalias lamía.
Salía a la calle

iba por el monte, descendía por el valle,
entraba a las casas y le daban algo
de comer. Mirábanle como a un manso galgo.

Un día, Francisco se ausentó. Y el lobo
dulce, el lobo manso y bueno, el lobo probo,
desapareció, tornó a las montañas,
y recomenzaron su aullido y su saña.
Otra vez sintióse el temor, la alarma,
entre los vecinos y entre los pastores;
colmaba el espanto los alrededores,
de nada servían el valor y el arma,
pues la bestia fiera
no dio tregua a su furor jamás,
como si tuviera

fuegos de Moloch y de Satanás.
Cuando volvió al pueblo el divino santo,
todos le buscaron con quejas y llanto,
y con mil querellas dieron testimonio
de lo que sufrían y perdían tanto
por aquel infame lobo del demonio.
Francisco de Asís se puso severo.
Se fue a la montaña
a buscar al falso lobo carnicero
y junto a su cueva halló a la alimaña.
—En nombre del Padre del sacro universo,
conjúrote —dijo—, ¡oh lobo perverso!,
a que me respondas: ¿por qué has vuelto al
[mal?

Contesta. Te escucho—
Como en sorda lucha, habló el animal,
la boca espumosa y el ojo fatal:
—Hermano Francisco, no te acerques mucho...
Yo estaba tranquilo allá en el convento,
al pueblo salía,
y si algo me daban estaba contento
y manso comía.
Mas empecé a ver que en todas las casas
estaban la Envidia, la Saña, la Ira,
y en todos los rostros ardían las brasas
de odio, lujuria, de infamia y mentira.
Hermanos a hermanos hacían la guerra;
perdían los débiles, ganaban los malos,

hembra y macho eran como perro y perra,
y un buen día todos me dieron de palos.
Me vieron humilde, lamía las manos
y los pies. Seguía tus sagradas leyes,
todas las criaturas eran mis hermanos:
los hermanos hombres, los hermanos bueyes,
hermanas estrellas y hermanos gusanos.
Y así, me apalearon y me echaron fuera.
Y su risa fue como un agua hirviente,
y entre mis entrañas revivió la fiera,
y me sentí lobo malo de repente,
mas siempre mejor que esa mala gente.
Y recomencé a luchar aquí

a me defender y a me alimentar.
Como el oso hace, como el jabalí,
que para vivir tiene que matar.
Déjame en el monte, déjame en el risco,
déjame existir en mi libertad,
vete a tu convento, hermano Francisco,
sigue tu camino y tu santidad.

El santo de Asís no le dijo nada.
Le miró con una profunda mirada,
y partió con lágrimas y con desconsuelos,
y habló al Dios eterno con su corazón,
El viento del bosque llevó su oración,
que era: Padre nuestro, que estás en los
                                        [cielos. . .

SONATINA

Rubén Darío

La princesa está triste... ¿qué tendrá la princesa?
los suspiros se escapan de su boca de fresa,
que han perdido la risa, que han perdido el color.
La princesa está pálida en su silla de oro,
está mudo el teclado de su clave sonoro,
y en un vaso, olvidada, se desmaya una flor.

El jardín puebla el triunfo de los pavos reales;
parlachina, la dueña dice cosas banales
y vestido de rojo pirutea el bufón.
La princesa no ríe, la princesa no siente;
la princesa persigue por el cielo de Oriente
la libélula vaga de una vaga ilusión.

¿Piensa acaso en el príncipe de Golconda o de
[China,
o en el que ha detenido su carroza argentina
para ver de sus ojos la dulzura de luz?,
¿o en el rey de las islas de las rosas fragantes,
o en el que es soberano de los claros diamantes?
o en el dueño orgulloso de las perlas de Ormuz?

¡Ay!, la pobre princesa de la boca de rosa
quiere ser golondrina, quiere ser mariposa,

tener alas ligeras, bajo el cielo volar,
ir al Sol por la escala luminosa de un rayo,
saludar a los lirios con los veros de mayo,
o perderse en el viento sobre el trueno del mar.

Ya no quiere el palacio ni la rueca de plata,
ni el halcón encantado, ni el bufón escarlata,
ni los cisnes unánimes en el lago de azur.
Y están tristes las flores por la flor de la corte,
los Jazmines de Oriente, los nelumbos del Norte,
de Occidente las dalias y las rosas del Sur.

¡Pobrecita princesa de los ojos azules!,
está presa en sus oros, está presa en sus tules,
en la jaula de mármol del palacio real;
el palacio soberbio que vigilan los guardas,
que custodian cien negros con sus cien alabardas,
un lebrel que no duerme y un dragón colosal.

¡Oh, quién fuera hipsipila que dejó la crisálida!
(La princesa está triste. La princesa está pálida).
¡Oh visión adorada de oro, rosa y marfil!
¡Quién volara a la tierra donde un príncipe
                                    [existe!
(la princesa está pálida; la princesa está triste).
¡Más brillante que el alba, más hermosa que abril!

—Calla, calla, princesa —dice el hada madrina—.

En caballo con alas, hacia acá se encamina,
en el cinto la espada y en la mano el azor,
el feliz caballero que te adora sin verte,
y que llega de lejos, vencedor de la Muerte,
a encenderte los labios con su beso de amor.

PEQUEÑA ODA A TIO COYOTE

José Coronel Urtecho

¡Salud a tío Coyote,
el animal Quijote!

Porque era inofensivo, lejos de la manada,
perro de soledad, fiel al secreto
inquieto
de su vida engañada
sufrió el palo, la burla y la patada.

Fue el más humilide peregrino
en los caminos de los cuentos de camino.

Como amaba las frutas sazonas,
las sandías, los melones, las anonas,
no conoció huerta con puerta,
infranqueable alacena,
ni propiedad ajena,
y husmeando el buen olor de las cocinas

cayó en la trampa que le tendieron las vecinas
de todas las aldeas mezquinas
y se quedó enredado en las consejas
urdidas por las viejas
campesinas.

Y así lo engendró la leyenda
como el Quijote de la Merienda.

Pero su historia es dulce y meritoria.

Y el animal diente-quebrado,
culo-quemado,
se ahogó en la laguna
buceando el queso de la luna.
¡Y allí comienza su gloria
donde su pena termina!

También así murió
Li-Tai-Po,
poeta de la China.
Vida muerte.

Cuanto camino da a tu ombligo
si hecho raíces ánclote a fondo puerto de tierra
puerta a mi tierra tuya a cerrojo sagrada.

Tesomosme, Mesomoste.

Cávote sepultura en mi otro sexo.
Cávame sepultura en tu otro sexo.
Muéreme Vívote Víveme Muérote
No nos distingo.

Sésamo.

III

Confieso que te arribo puerto si subterráneo
como a la roca en sueño vegetal dormida viva
tengo mi casa allí donde mi araña espero ciego
lo mismo vivo o muerto que tu secreto como
[silencio.

NIHIL NOVUM

José Coronel Urtecho

No busques nada nuevo, ¡oh mi canción!;
nada hay oculto bajo el rascacielo,
nada en la máquina que sube al cielo,
nada ha cambiado desde Salomón.

Es muy antiguo el hombre y su pasión,
guarda en el nuevo día el viejo anhelo,
bajo la nueva noche igual desvelo
y el mismo palpitar del corazón.

No te engañen los nuevos continentes,
con sus plantas, sus bestias y sus gentes,
ni sus canciones con su nuevo acento.

Todo lo que dice algo ya está dicho:
sólo nos queda el aire y su capricho
de vagos sones que se lleva el viento.

DECIRES DEL INDIO QUE BUSCABA TRIGO

Manolo Cuadra

Yo sé que me andas buscando
por lo que de antaño digo;
que por por un grano de trigo
tus hijos están llorando.

Y me pregunto hasta cuándo
lo encontrarás, indio amigo.
E interrogándome sigo,
y me sigo interrogando.

Si por un grano de trigo
tus hijos están llorando,
seguiré siempre cantando
y sé, indio, lo que digo.

Pues mientras me andas buscando,

el trigo, el bendito trigo,
sigue indio, germinando,
en mis cantares, conmigo.

¡Con mis cantares, cantando,
trigo, indio, estoy sembrando!

EL NACIMIENTO DEL SOL

Pablo Antonio Cuadra

He inventado mundos nuevos. He soñado
noches construidas con sustancias inefables.
He fabricado astros radiantes, estrellas sutiles
en la proximidad de unos ojos entrecerrados.
Nunca, sin embargo,
repetiré aquel primer día cuando nuestros padres
salieron con sus tribus de la húmeda selva
y miraron al oriente. Escucharon el rugido
del jaguar. El canto de los pájaros. Y vieron
levantarse un hombre cuya faz ardía.
Un mancebo de faz resplandeciente,
cuyas miradas luminosas secaban los pantanos.
Un joven alto y encendido cuyo rostro ardía.
Cuya faz iluminaba el mundo.

LA NOCHE ES UNA MUJER DESCONOCIDA

Pablo Antonio Cuadra

Preguntó la muchacha al forastero:
—¿Por qué no pasas? En mi hogar
está encendido el fuego.

Contestó el peregrino: —Soy poeta,
sólo deseo conocer la noche.

Ella, entonces, echó cenizas sobre el fuego
y aproximó en la sombra su voz al forastero:
—¡Tócame! —dijo—. ¡Conocerás la noche!

URNA CON PERFIL POLITICO

Pablo Antonio Cuadra

El caudillo es silencioso
(dibujo su rostro silencioso).

El caudillo es poderoso
(dibujo su mano fuerte).

El caudillo es el jefe de los hombres armados
(dibujo las calaveras de los hombres muertos).

AMA A SU PUEBLO

Salomón de la Selva

Ama a su pueblo,
ama a sus semejantes, ama a los dioses
sólo quien, todo corazón, y éste sin tara
de cobardes temores o traicioneros fines,
se esfuerza por la paz. ¿Y quién que no ama
puede ser gobernante atinado y justiciero?
El que amamanta odios y alimenta rencores,
engreído en sí mismo, entronizado
en su capricho estulto;
y el que busca la guerra para afianzar su trono
y crea disensiones y confunde el buen juicio
de la ciudadanía;
y el que sube al poder escalando cadáveres
y se burla de Dios (¡único soberano!),
todos tienen su fin. Tú los detestas.
Su poder es brasero que les quema las manos
¡Y no pueden soltarlo! Su maldición les
                                    [sobrevive:
¡Su progenie se ahoga en mutua sangre,
crímenes que horripilan; tal en Tebas
los vástagos de Edipo, tal en Argos
los hijos que hubo Tántalo mismo
que osó tentar la omnisciencia de los dioses
Sólo el justo, el que rige a los pueblos

con decoro de ley, de paz y de justicia,
con cetro, no con látigo,
gana la bendición de dimitir el mando
sin terror, sin pesadumbre, sin angustia;
hasta el sepulcro amigos lo rodean;
pero el que lo ha usurpado
o tiránicamente lo retiene,
si llega a viejo, ¡ah! qué vejez le espera:
todos en su redor traman traiciones;
¡róenle el corazón, antes que los gusanos,
sus propios hijos!

URUGUAY

Juana de Ibarbourou
Carlos Prendes Saldias
Delmira Agustini
Carlos Sabat Ercasty
Julio Herrera y Reissig
María E. Vaz Ferreira
J. Zorrilla de San Martín
José Alonso y Trelles
José Enrique Rodó
Fernán Silva Valdés
Carlos Roxlo
Juan Cunha
Sara de Ibáñez

VIDA-GARFIO

Juana de Ibarbourou

Amante: no me lleves, si muero, al camposanto.
A flor de tierra abre mi fosa, junto al riente
alboroto divino de alguna pasajera.
o junto a la encantada charla de alguna fuente.

A flor de tierra, amante. Que el tránsito así sea
donde el sol me calienta los huesos, y mis ojos
alargados en tallos, suban a ver de nuevo
la lámpara salvaje de los ocasos rojos.

A flor de tierra. Amante. Que el tránsito así sea
más breve. Yo presiento
la lucha de mi carne por volver hacia arriba,
por sentir en sus átomos la frescura del viento.

Yo sé que acaso nunca allá abajo mis manos
podrán estarse quietas,
que siempre, como topos, arañarán la tierra
en medio de las sombras estrujadas y prietas.

Arrójame semillas. Yo quiero que se enraicen
en la greda amarilla de mis huesos menguados.
¡Por la parda escalera de las raíces vivas
yo subiré a mirarte en los lirios morados!

DESPECHO

Juana de Ibarbourou

¡Ah, que estoy cansada! Me he reído tanto,
tanto, que a mis ojos ha asomado el llanto;
tanto, que este rictus que contrae mi boca
es un rastro extraño de mi risa loca.
Tanto, que esta intensa palidez que tengo
(como en los retratos de viejo abolengo)
es por la fatiga de la loca risa
que en todos mis nervios su sopor desliza.
¡Ah, que estoy cansada! Déjame que duerma,
pues, como la angustia, la alegría enferma.
¡Qué rara ocurrencia decir que estoy triste!
¿Cuándo más alegre que ahora me viste?
¡Mentira! No tengo ni dudas ni celos,
ni inquietud, ni angustias, ni penas, ni anhelos.
Si brilla en mis ojos la humedad del llanto,
es por el esfuerzo de reírme tanto.

VIDA ALDEANA

Juana de Ibarbourou

Iremos por los campos, de la mano,
a través de los bosques y los trigos,
entre rebaños cándidos y amigos,
sobre la verde placidez del llano,

para comer el fruto dulce y sano
de las rústicas vides y los higos
que coronan las tunas. Como amigos
partiremos el pan, la leche, el grano.

Y en las mágicas noches estrelladas,
bajo la calma azul, entrelazadas
las manos, y los labios temblorosos,

renovaremos nuestro muerto idilio,
y será como un verso de Virgilio
vivido ante los astros luminosos.

SALVAJE

Juana de Ibarbourou

Bebo del agua limpia y clara del arroyo
y vago por los campos teniendo por apoyo
un gajo de algarrobo liso, fuerte y pulido
que en sus ramas sostuvo la dulzura de un nido.

Así paso los días, morena y descuidada,
sobre la suave alfombra de la grama aromada,
comiendo de la carne jugosa de las fresas
o en busca de fragantes racimos de frambuesas.

Mi cuerpo está impregnado del aroma ar-
[doroso

de los pastos maduros. Mi cabello sombroso
esparce, al destrenzarlo, olor a sol y a heno,
a salvia, a yerbabuena y a flores de centeno.

¡Soy libre, sana, alegre, juvenil y morena,
cual si fuera la diosa del trigo y de la avena!

¡Soy casta como Diana
y huelo a hierba clara nacida en la mañana!

LA TARDE

Juana de Ibarbourou

He bebido del chorro cándido de la fuente.
Traigo los labios frescos y la cara mojada.
Mi boca hoy tiene toda la estupenda dulzura
de una rosa jugosa, nueva y recién cortada.

El cielo ostenta una limpidez de diamante.
Estoy ebria de tarde, de viento y primavera.
¿No sientes en mis trenzas olor de trigo on-
[deante?
¿No me hallas hoy flexible como una enreda-
[dera?

Elástica, de gozo cual un gamo he corrido
por todos los ceñudos senderos de la sierra.
Y el galgo cazador que me guía, rendido,
se ha acostado a mis pies, largo a largo en la
[tierra.

¡Ah, qué inmensa fatiga me derriba a la
                                                    [grama
y abate en tus rodillas mi cabeza morena,
mientras que de una iglesia campesina y lejana
nos llega un lento y grave llamado de novena!

LA CANCION DEL RIO

Carlos Prendes Saldías

El río se viene cantando, cantando,
como un hechicero de la soledad.
Arboles y riscos se quedan vibrando
cuando pasa el río camino del mar.

El río se viene cantando, cantando,
y es una alegría sentirlo pasar.

Tendido en la hierba, si el agua me toca,
las manos morenas quemándose al sol,
y el viento sureño me llena la boca,
yo siento que el río, la tierra y la roca
laten con la sangre de mi corazón.

Tendido en la hierba, si el agua me toca,
bendigo la fuga del río cantor.

La canción del río se pierde en el llano;
los hombres del valle no tienen canción.

Un murmullo apenas refresca el verano
de este silencioso pueblo labrador.

La canción del río se pierde en el llano
como si del agua se fuera el amor.

El río venía cantando, cantando
desde la nevera palabra de Dios.
Las piedras sonoras quedaron sonando,
y en el valle el río su canción perdió.

El río venía cantando, cantando;
desde los breñales cantando bajó.
Por el valle estrecho se aleja llorando,
y ninguno sabe que el río cantó.

NIÑA DE CARA MORENA

Carlos Prendes Saldías

Niña de cara morena
que estás lavando en el río,
¿por qué das al río pena,
echando tu llanto al río,
niña de cara morena?

Los hombres del caserío,
con la azada y con el canto,
bajan a beber al río.

Si todos beben tu llanto,
niña de moreno encanto,
¿qué será del caserío?

Niña, de cara morena,
la amargura de tu pena
no la llores en el río.
Déjale el agua serena,
sin tu llanto, sin tu pena,
a la sed del caserío.

VIENTO

Carlos Prendes Saldías

Pájaro de los cerros,
viene por la quebrada
fresco de lejanía.
No se le ven las alas.

Se posa en el espino
y le estremece el alma.
Está en el valle ahora.
Y en el valle que abrasa
canta canciones viejas
mojándose en el agua.

Las espigas maduras
acogen su palabra

y se curvan temblando.
¡La siega ilusionada!

Pájaro de los cerros,
vino por la quebrada
y se va con el río.
No se le ven las alas.

LA CITA

Delmira Agustini

En tu alcoba techada de ensueños, haz derroche
de flores y de luces de espíritu; mi alma
calzada de silencio y vestida de calma,
irá a ti por la senda más negra de esta noche.

Apaga las bujías para ver cosas bellas;
cierra todas las puertas para entrar la ilusión;
arranca del Misterio un manojo de estrellas
y enflora como un vaso triunfal tu corazón.

¡Y esperás sonriendo, y esperarás llorando!...
Cuando llegue mi alma, tal vez reces pensando
que el cielo dulcemente se derrama en tu pecho...

Para él, amor divino, ten un diván de calma,
o con el lirio místico que es su arma, mi alma
apagará una a una las rosas de tu lecho.

LA BARCA MILAGROSA

Delmira Agustini

Preparadme una barca como un gran pensa-
[miento...
la llamarán "La Sombra" unos; otros, "La Estrella".
¡No ha de estar al capricho de una mano o de un
[viento!
¡Yo la quiero consciente, indomable y bella!

¡La moverá el gran ritmo de un corazón san-
[griento
de vida sobrehumana; he de sentirme en ella
fuerte como en los brazos de Dios! ¡En todo viento,
en todo mar, templadme su proa de centella!
La cargaré de toda mi tristeza y, sin rumbo,
iré como la rota corola de un nelumbo,
por sobre el horizonte líquido de la mar...

Barca, alma hermana: ¿hacia qué tierras nunca
[vistas,
de hondas revelaciones, de cosas imprevistas
iremos?... Yo ya muero de vivir y soñar...

LO INEFABLE

Delmira Agustini

Yo muero extrañamente... No me mata la vida,
no me mata la muerte, no me mata el amor;
muero de un pensamiento mudo como una
                                    herida...
¿No habéis sentido nunca el extraño dolor

de un pensamiento inmenso que se arraiga en
                                    [la vida,
devorando alma y carne, y no alcanza a dar flor?
¿Nunca llevasteis dentro una estrella dormida
que os abrasaba enteros y no daba un fulgor?

¡Cumbre de los martirios...! ¡Llevar eterna-
                                    [mente,
desgarradora y árida, la trágica simiente
clavada en las entrañas como un diente feroz...!

¡Pero arrancarla un día en una flor que abriera
milagrosa, inviolable...! ¡Ah, más grande no
                                    [fuera
tener entre las manos la cabeza de Dios!

SUEÑO QUE ESTOY SOÑANDO

Carlos Sabat Ercasty

Sueño que estoy soñando y soy dueño del sueño,
igual que si una flauta escuchase su canto
adentro del encanto de su alma. Y levanto
mis sueños por la gracia de sentirme su dueño.

¡Sueño que estoy soñando! Veo el lago risueño
y los vastos reflejos, y hasta me creo tanto
como lo que ha llenado mi espejo. El desencanto
vendrá. Se irán los sueños. Seré otra vez pequeño.

¡Juegos de la ilusión...! La lanzadera interna
teje los grandes lienzos de la sustancia eterna
mientras decora adentro los más bellos tapices.

Yo estoy como a la orilla de un río de quimeras
maravilladas de armonías y matices
que no me dejan ver las cosas verdaderas.

LA SOMBRA DOLOROSA

Julio Herrera y Reissig

Gemían los rebaños. Los caminos
llenábanse de lúgubres cortejos;
una congoja de holocaustos viejos
ahogaba los silencios campesinos.

Bajo el misterio de los velos finos,
evocabas los símbolos perplejos,
hierática, perdiéndote a lo lejos
con tus húmedos ojos mortecinos.

Mientras, unidos por un mal hermano,
me hablaban con suprema confidencia
los mudos apretones de tu mano,

manchó la soñadora transparencia
de la tarde infinita el tren lejano,
aullando de dolor hacia la ausencia.

LA VUELTA DE LOS CAMPOS

Julio Herrera y Reissig

La tarde paga en oro divino las faenas...
Se ven limpias mujeres vestidas de percales,
trenzando sus cabellos con tilos y azucenas
o haciendo sus labores de aguja en los umbrales.

Zapatos claveteados y báculos y chales...
Dos mozas con sus cántaros se deslizan apenas.
Huye el vuelo sonámbulo de las horas serenas.
Un suspiro de Arcadia peina los matorrales...

Cae un silencio austero... Del charco que se
[nimba

286

estalla una gangosa balada de marimba.
Los lagos se amortiguan con espectrales lampos,

las cumbres ya quiméricas corónanse de rosas...
Y humean a lo lejos las rutas polvorosas
por donde los labriegos regresan de los campos.

LA NOCHE

Julio Herrera y Reissig

La noche en la montaña mira con ojos viudos
de cierva sin amparo que vela ante su cría:
y como si asumieran un don de profecía,
en un sueño inspirado hablan los campos rudos.

Rayan el panorama, como espectros agudos,
tres álamos en éxtasis... Un gallo desvaría,
reloj de media noche. La grave luna amplía
las cosas, que se llenan de encantamiento mudos.

El lago azul de sueño, que ni una sombra
                                        [empaña,
es como la conciencia pura de la montaña...
A ras del agua tersa, que riza con su aliento.

Albino, el pastor loco, quiere besar la luna.
En la huerta sonámbula vibra un canto de cuna...
Aúllan a los diablos los perros del convento.

DESDE LA CELDA

María E. Vaz Ferrerira

¡Ay de aquel que fuera un día
novio de la soledad!...
Después de este amor supremo,
¿a quién amará?

¿Quién sin dar nada se entrega
y estrecha sin abrazar?
¿Quién de un vacío tesoro
hace que se pida "más"?

¿Qué araña invisible y muda,
carcelera singular,
teje sus rejas abiertas
y el cautivo no se va...?

Los aldabones golpean
con rumor de eternidad,
y el corazón, solitario,
le responde: "más allá..."

Sí, más allá de sí mismo,
más allá del propio mal,
amorosamente solo
con su mal de soledad.

Afuera ríen los soles
sus vitrinas de cristal,
racimos de perlas vivas
al pasajero le dan.

Por los caminos del mundo
cruza la marcha triunfal.
Evohé... siga la fiesta...

¡Ay de aquel que fuera un día
novio de la soledad...!

TABARE

Juan Zorrilla de San Martín

(Fragmento)

¡Héroes sin redención y sin historia,
sin tumbas y sin lágrimas!
¡Estirpe lentamente sumergida
en la infinita soledad arcana!

¡Lumbre expirante, que apagó la aurora!
¡Sombra desnuda, muerta entre las zarzas!
Ni las manchas siquiera
de vuestra sangre nuestra tierra guarda,
¡y aun viven los jaguares amarillos!
¡y aun sus cachorros maman!
¡y aun brotan las espinas que mordieron
la piel cobriza de la extinta raza!

¡Héroes sin redención y sin historia,
sin tumbas y sin lágrimas,
Indómitos luchasteis... ¿Qué habéis sido?
¿Héroes, o tigres? ¿Pensamiento, o rabia?

Como el pájaro canta en una ruina,
el trovador levanta
la trémula elegía indescifrable
que a través de los árboles resbala,
cuando os siente pasar en las tinieblas,
y tocar con las alas
su cabeza, que entrega a los embates
del viento secular de las montañas.

Sombras desnudas, que pasais de noche,
en pálidas bandadas,
goteando sangre que, al tocar el suelo,
como salvaje imprecación estalla:

Yo os saludo al pasar. ¿Fuisteis, acaso,
mártires de una patria;
monstruoso engendro a quien, feroz, la gloria,
para besarlo, el corazón le arranca?

Sois el abismo en que la mente se hunde
confusa resonancia;
un grito articulado en el vacío,
que muere sin nacer, que a nadie llama.

Pero algo sois. El trovador cristiano
arroja, húmedo en lágrimas,
un ramo de laurel en vuestro abismo...,
¡por si mártires fuisteis de una patria!

LA GUEYA

José Alonso y Trelles

Pulpero, eche caña,
caña de la güena,
llene hasta los topes ese vaso grande,
no ande con miserias.
Tengo como un fuego
la boca, reseca,
y en el tragadero tengo como un ñudo
que me aúga y me aperta.
Deme esa guitarra...
¡Quién sabe sus cuerdas
no me dicen algo que me dé coraje
pa echar esto ajuera!...
Hoy, de madrugada,
yegué a mis taperas
y oservé en el pasto, mojado pó el sereno
yo no sé qué güeyas...
Tal vez, de algún perro...
Pero, ¡deande yerba!
Si al lao de mi rancho no tengo chiquero
ni en mi casa hay perra...
Dentré, y a mi china
la encontré dispierta...
Pulpero, eche caña, que tengo la boca
lo mesmo que yesca...

Yo tengo, pulpero,
pa que usté lo sepa,
lo moza más linda que han visto los ojos
en tuita la tierra.
Con ella mi rancho
ni al cielo envidea...
Pero, ¡eche otro vaso, pa ver si me olvido
que he visto una güeya!...

LECTURAS

José Enrique Rodó

De la dichosa edad en los albores
amó a Perrault mi ingenua fantasía,
mago que en torno de mi sien tendía
gasas de luz y flecos de colores.
Del sol de adolescencia en los ardores
fue Lamartine mi cariño guía,
"Joselín" propició, bajo la umbría
fronda vernal, mis ocios soñadores.
Luego el bronce hugoniano arma y escuda
al corazón que austeridad entraña.

Cuando avanzaba en mi heredad el frío,
amé a Cervantes. Sensación más ruda
busque luego en Balzac... y hoy ¡cosa
                                    [extraña!
vuelvo a Perrault, ¡me reconcentro y río!

LEYENDA DE LA FLOR DE CEIBO

Fernán Silva Valdés

Me lo dijo un indio viejo y medio brujo
que se santiguaba y adoraba al sol:
"—Los ceibos del tiempo en que yo era niño
no lucían flores rojas como hoy.

Pero una mañana sucedió el milagro,
—es algo tan bello que cuesta creer—;
con la aurora vimos al ceibal de grana,
cual si por dos lados fuera a amanecer.

Y era que la moza más linda del pago,
esperando al novio toda la velada,
por entretenerse se había pasado
la hoja de un ceibo por entre los labios.

Entonces los ceibos, como por encanto
se fueron tiñendo de rojo color..."
Tal lo que me dijo aquel indio viejo
que se santiguaba y adoraba al sol.

ELEGIAS

Carlos Roxlo

No me mires, no me mires,
que en mis sienes hay cenizas,
y son tus ojos tan jóvenes
que tiemblo cuando me miras.

Junta tus largas pestañas,
cierra tus grandes pupilas,
y tu cabeza amorosa
en mi corazón reclina.
Así, sin que tú me veas,
juntando las manos mías
en actitudes de súplica
sobre tu espalda de olímpica,
te diré frases tan dulces,
te diré cosas tan lindas,
te diré tantas leyendas
de soledad y de dicha
que arrullada por el himno
de mi pasión infinita,
me verás como yo quiero
que me vean tus pupilas.

Solos los dos nos quedamos
en el borde del camino,
puesta mi mano en la suya
y sus ojos en los míos.
Llegó el tren, los pasajeros
se asomaron a los vidrios,
y huyó la locomotora
llevando al convoy cautivo.
Solté su mano. ¡Qué angustia
tan honda nubló mi espíritu,
al pensar que ella es muy niña
para este inmenso amor mío!

¡Qué pronto el último tren,
el de los grandes olvidos,
no dejará que le diga
las ternuras que le digo!
¡Qué pronto los pasajeros,
asomados a los vidrios,
la verán sola, muy sola,
en el borde del camino!

Hace muchos, muchos meses,
me sigue un hombre enlutado
que echa a andar cuando camino
y se para si me paro.
Sin volverme, estoy seguro
de que me va acompañando,
porque sus pasos resuenan
como el eco de mis pasos.
Cuando al espejo me miro,
siempre en el espejo me hallo
cerca de la imagen mía
con su rostro triste y pálido.
Cuando escribo, centinela
de mis pensamientos malos,
por encima de mis hombros
lee las líneas que trazo.
Cuando alguna frase innoble
en las carillas estampo,
con sus dedos de fantasma
la sombra las va borrando.

Cuando mi boca acaricia
dulcemente a su retrato,
sobre la amorosa huella
pone el fantasma sus labios.
Se acuesta en mi mismo lecho,
su soplo moja mis párpados,
y duerme mi corazón
tranquilo bajo su mano.
¿Por qué será que ese hombre
no me parece un extraño?,
cuando le miro se endulzan
de su semblante los rasgos.
Recuerdo la vez primera
que oí el rumor de sus pasos:
amortajaba a mi padre
en mi poncho de soldado!

GUITARREOS

Juan Cunha

Una   tarde rayada de garúas
Recuerdo el viento aquel como un cuchillo
Pero entonces qué gracia era en el tiempo
Que uno no le hace ascos al destino

La recuerdo patente y hoy quién sabe
Por qué es que la memoria la ha traído

Una tarde de invierno como tantas
Pero hoy viene del fondo del olvido

Tanto otoño mismo legua a legua
A descampado invierno y desabrigo
Tal vez de más atrás de espacio y tiempo
Me llegó su humedad su olor su frío

La nostalgia de mi tierra
De mi campo el de otro tiempo
Me anda siempre por las sienes
Y se me asienta en el pecho
A veces es nube y pájaro
A veces galope y eco
Ah esa majada esa tropa
Y yo silbando ah tropero

Paisanos de serio rostro
Ancha mano y gesto lento
Cuando me ausento a las veces
Al paso me los encuentro

De noche veo fogones
Con ruedas de mate y cuentos
Y el llanto de las guitarras
Que a rachas me trae el viento

(La nostalgia de mi pago

Me pone triste el acento
Viene de allá campo afuera
Y se me va pecho adentro)

POCO DESPUES DESDE OTRO LADO

Juan Cunha

Amábamos la luz adorábamos
Su largo cuello fino incondicionalmente su estre-
[mecimiento
Sobre el flanco del día tan a solas bellamente
Dos dedos húmedos el dulce lento pie de cada
[ola blanca
También la cintura de la noche oscura cimbreante

Amábamos la risa desde el relámpago
Esperábamos largamente
En su yegua dorada siempre llegó la tarde a
[tiempo
Para contarnos su pena lenta
Al desatar su cabellera ah tan suave para el
[silencio
A veces su alegría el viento entre las grandes
[orillas
Aguardábamos los barcos
Escuchábamos sus pasos
Nos decían adiós las estrellas los pájaros
Los cometas de nuestra frente.

298

A MI ESPALDA

Juan Cunha

El que fui vuelve llorando, y no hay manera
De aplacar su pena sola.
El que fui viene llorando: es sólo un niño
Que no puede con la tarde.

Le diría que se vaya,
Que ya no tengo más aquellas láminas
Con paisajes, donde una luz de atardecer duraba;
Donde pasaba un ángel con un aro.

Mas no tengo valor para volverme.
El me toca con el hombro, y se detiene
Alelado: no comprende; y llora aún más.
Cómo arreglarme un rostro ya para enfrentarlo.

Y se queda. Y reincide. Y calla luego.
(La luz, final, vacila; sale la brisa; algo tiembla)
Cuando no es más que un niño desvalido
Y solo, que no puede con la tarde.

ISLA EN LA LUZ

Sara de Ibáñez

Se abrasó la paloma en su blancura.
Murió la corza entre la hierba fría.
Murió la flor sin nombre todavía
y el fino lobo de inocencia oscura.

Murió el ojo del pez en la onda dura.
Murió el agua acosada por el día.
Murió la perla en su lujosa umbría.
Cayó el olivo y la manzana pura.

De azúcares de ala y blancas piedras
suben los arrecifes cegadores
en invasión de lujuriosas hiedras.

Cementerio de angélicos desiertos:
guarda entre tus dormidos pobladores
sitio también para mis ojos muertos.

ISLA EN LA TIERRA

Sara de Ibáñez

Al norte el frío y su jazmín quebrado.
Al este un ruiseñor lleno de espinas.
Al sur la rosa en sus aéreas minas,
y al oeste un camino ensimismado.

Al norte un ángel yace amordazado.
Al este el llanto ordena sus neblinas.
Al sur mi tierno haz de palmas finas
y al oeste mi puerta y mi cuidado.

Pudo un vuelo de nube o de suspiro
trazar esta finísima frontera
que defiende sin mengua mi retiro.

Un lejano castigo de ola estalla
y muerde tus olvidos de extranjera,
mi isla seca en mitad de la batalla.

LA PAGINA VACIA

Sara de Ibáñez

Cómo atrever esta impura
cerrazón de sangre y fuego,
esta urgencia de astro ciego
contra tu feroz blancura.
Ausencia de la criatura
que su nacimiento espera,
de tu nieve prisionera
y de mis venas deudora,
en el revés de la aurora
y el no de la primavera.

NO PUEDO

Sara de Ibáñez

No puedo cerrar mis puertas
ni clausurar mis ventanas:
he de salir al camino
donde el mundo gira y clama,
he de salir al camino
a ver la muerte que pasa.

He de salir a mirar
cómo crece y se derrama
sobre el planeta encogido
la desatinada raza
que quiebra su fuente y luego
llora la ausencia del agua.

He de salir a esperar
el turbón de las palabras
que sobre la tierra cruza
y en flor los cantos arrasa,
he de salir a escuchar
el fuego entre nieve y zarza

No puedo cerrar las puertas
ni clausurar las ventanas,
el laúd en las rodillas

y de esfinges rodeada,
puliendo azules respuestas
a sus preguntas en llamas.

Mucha sangre está corriendo
de las heridas cerradas,
mucha sangre está corriendo
por el ayer y el mañana,
y un gran ruido de torrente
viene a golpear en el alba.

Salgo al camino y escucho,
salgo a ver la luz turbada;
un cruel resuello de ahogado
sobre las bocas estalla,
y contra el cielo impasible
se pierde en nubes de escarcha.

Ni en el fondo de la noche
se detiene la ola amarga,
llena de niños que suben
con la sonrisa cortada,
ni en el fondo de la noche
queda una paloma en calma.

No puedo cerrar mis puertas
ni clausurar mis ventanas.
A mi diestra mano el sueño

mueve una iracunda espada
y echa rodando a mis pies
una rosa mutilada.

Tengo los brazos caídos
convicta de sombra y nada;
un olvidado perfume
muerde mis manos extrañas,
pero no puedo cerrar
las puertas y las ventanas,
y he de salir al camino
a ver la muerte que pasa.

VENEZUELA

Carlos Borges
Andrés Eloy Blanco
Rufino Blanco Fombona
Humberto Tejera
Andrés Bello
A. Arvelo Larriva
Miguel Otero Silva
Vicente Gerbasi

BODAS NEGRAS

Carlos Borges

Oye la historia que contóme un día
el viejo enterrador de la comarca:
—Era un amante a quien por suerte impía
su dulce bien le arrebató la Parca.

Todas las noches iba al cementerio
a visitar la tumba de la hermosa;
la gente murmuraba con misterio:
"es un muerto escapado de la fosa".

En una noche horrenda hizo pedazos
el mármol de la tumba abandonada,
cavó la tierra y se llevó en sus brazos
el rígido esqueleto de su amada.

Y allá, en su triste habitación sombría,
de un cirio fúnebre a la llama incierta
sentó a su lado la osamenta fría,
y celebró sus bodas con la muerta.

La horrible boca la cubrió de besos,
el yerto cráneo coronó de flores,
ató con cintas sus desnudos huesos,
y le contó sonriendo sus amores.

Llevó la novia al tálamo mullido,
se acostó junto a ella enamorado,
y para siempre se quedó dormido
al esqueleto rígido abrazado.

COLOQUIO BAJO EL LAUREL

Andrés Eloy Blanco

Quiero que me cultives, hijo mío,
en tu modo de estar con el Recuerdo,
no para recordar lo que yo hice,
sino para ir haciendo.
Que las cosas que hagas lleven todas
tu estampa, tu manera y tu momento.
Y cultiva mi amor con tu conducta
y riega mi laurel con tus ejemplos.

Volviendo están los años más sucios de la Historia,
pero si sobrevives, será tu tiempo el tiempo
de la bondad triunfante, de la justicia erguida.
Donde la voz alcance la libertad del sueño;
para entonces, quisiera que fueras bueno y grande,
que tu conciencia fuera, no de un hombre, de un
[pueblo,

pero que tu grandeza fuera la cosa tuya
y tu bondad la cosa tuya y de mi recuerdo.
Tú eres el hombre, hijo, de la hora esperada,
pero, si has de creerme, la bondad es lo cierto,
y para poseerla, precisa ser valiente;
la bondad es lo dulce del valor y el respeto.

Si alguien te pide tu sabiduría,
dásela, aunque se niegue a creer en tu credo;

si alguien te pide un pedazo de pan,
dáselo y no preguntes bajo qué tienda va a co-
[merlo;
si alguien te pide tu amistad,
dásela, aunque no piense como tu pensamiento;
si alguien te pide agua,
dásela y no preguntes si va a regar su huerto,
si va a calmar su sed, si va a lavar sus manos,
si va a ponerla en tierra para hacer un espejo.
Para el bueno, la idea tiene el ancho del mundo
y un pan es del tamaño del hambre de un ham-
[briento.

Como si fueras de cristal,
realízate por dentro,
como si un mundo de miradas te estuviera mi-
[rando,
como si el pueblo tuyo te tuviera de espejo
para que se peinaran sus hijos;
la conciencia mirándote el corazón entero.
¡Ay la Patria y sus niños! mientras hablo, hijo
[mío,
quiero besar a un niño de mi pueblo,
con el sol de mi tierra entre sus ojos
y el amor de mi madre entre mi beso.

La Verdad, sólo ella en tu conducta,
tan sólo la Verdad en tu cerebro,
pero que al corazón le quede algo
de las dulces mentiras que te enseño;

que en el profundo bosque son verdades
las fábulas del tigre y el conejo;
que el mundo tiene un pájaro que habla,
un agua de oro, el canto de un madero
y un corazón que marcha, sin mirar hacia atrás,
     hasta llegar a ellos;
que ha de volver, sobre el caballo flaco,
con Sancho al lado, el hondo caballero;
que el día es del trabajo y del amor la noche,
que no hay casa sin pan, que el hombre es bueno,
que el pez navega por lo azul del agua
y el ave vuela por amor al viento.

CORAZON ADENTRO

             Rufino Blanco Fombona

  Llamé a mi corazón. Nadie repuso.
Nadie adentro. ¡Qué trance tan, tan amargo!
  El bosque era profuso,
negra la noche y el camino largo.
Llamé, llamé. Ninguno respondía.
Y el morado castillo taciturno
único albergue en el horror nocturno,
era mi corazón. ¡Y no me abría!,
  ¡Iba tan fatigado! Casi muerto,
rendido por la áspera subida
  por el hostil desierto

y las fuentes saladas de la vida.

Al sol de fuego y pulmonar garúa
ya me atería o transpiraba a chorros;
empurpuré las piedras y los cardos;
y, a encuentro por segundo, topé zorros,
buhos, cerdos, panteras y leopardos.

Y en un prado inocente; malabares,
anémonas, begonias y diamelas,
vi dos chatas cabezas triangulares
derribar muchas ágiles gacelas.
¡Qué hórrido viaje y bosque tan ceñudo!
La noche, negra; mi cabeza, loca;
mis pies, cansados; el castillo, mudo,
      y yo toca que toca.

    ¡Por fin se abrió una puerta!
Toda era sombra aquella casa muerta.

Tres viejecitos de cabello cano
y pardas vestiduras de estameña
me recibieron: —Adelante, hermano—.
Parecidos los tres. La blanca greña
nevaba sobre el hombro a cada anciano.

    Al fondo, en una esquina,
luchaba con la sombra un reverbero
de lumbre vacilante y mortecina.
—Somos felices —dijo el uno. El otro:
—Resignados. —Aquí— dijo el tercero,
sin amigos, sin amos y sin émulos,
esperamos el tránsito postrero.

Eran recuerdos, los ancianos trémulos.
—No es posible —pensaba—. ¿Es cuanto queda
de este palacio que vivieron hadas?
¿Dónde está la magnífica arboleda,
      en dónde las cascadas,
      los altos miradores,
      las salas deslumbrantes,
y las bellas queridas suspirantes
      muriéndose de amores?
Y me lancé a los negros corredores.
Llegué a las cuatro conocidas puertas
      por nadie nunca abiertas.
Entré al rojo recinto; una fontana
de sangre siempre vívida y ardiente
corría de la noche a la mañana
y de mañana a noche, eternamente.
      Yo había hecho brotar aquella fuente.
Entré al recinto gris donde surtía
otra fontana en generoso canto:
¡el canto de las lágrimas! Yo había
hecho verter tan generoso llanto.

      Entre al recinto gualda; siete luces,
siete cruces de fuego fulgecían,
y los siete pecados se movían
crucificados en las siete cruces.
Y a Psiquis alas nuevas le nacían.
Rememoré las voces del misterio:
      —Cuando sea tu alma

de las desilusiones el imperio;
cuando el sufrir tus lágrimas agote,
cuando inmisericorde su cauterio
te aplique el Mundo y el Dolor te azote,
puedes salvar la puerta tentadora,
la puerta blanca, la Tulé postrera. .
        —Entonces —dije— es hora.
Y entré con paso firme y alma entera.

    Quedé atónito. Hallábame en un campo
de nieve, de impoluta perspectiva;
        cada llanura un campo;
cada montaña, un irisado bloque;
cada picacho, una blancura viva.
        Y de la luz al toque
eran los farallones albicantes
        chorreras de diamantes.
—¿En dónde estoy? —me dije tremulento. . .
y un soplo de dulzuras teologales
trajo a mi oído regalado acento:
—Estás lejos de aquellos arenales
ardientes donde surgen tus pasiones
y te devoran como cien chacales.
Lejos de las extrañas agresiones:
        a estas cimas no alcanza
ni el ojo inquisidor de la asechanza
ni el florido puñal de las traiciones.
        Son ignorado asilo
al tigre humano y a la humana hiena;

a los pérfidos cantos de sirena
y al aleve llorar del cocodrilo.
    Llegas a tierra incógnita;
a tierra de simbólicas alburas,
        toda misterio y calma.
Estás en las serenas, en las puras
e ignoradas regiones de tu alma...
Y me quedé mirando a las alturas.

LA HILANDERA

Andrés Eloy Blanco

Dijo el hombre a la Hilandera
a la puerta de su casa:
—Hilandera, estoy cansado,
dejé la piel en las zarzas,
tengo sangradas las manos,
tengo sangradas las plantas,
en cada piedra caliente
dejé un retazo del alma,
tengo hambre, tengo fiebre,
tengo sed... la vida es mala...
Y contestó la Hilandera.
—Pasa.

Dijo el hombre a la Hilandera
en el patio de su casa:
—Hilandera, estoy cansado,

tengo sed, la vida es mala;
ya no me queda una senda
donde no encuentre una zarza.
Hila una venda, Hilandera,
hila una venda tan larga
que no te quede más larga
ponme la venda en la cara,
cúbreme tanto los ojos
que ya no pueda ver nada,
que no se vea en la noche
ni un rayo de vida mala.
Y contestó la Hilandera:
—Hilaba.

Hiló tanto la Hilandera
que las manos le sangraban
y se pintaba de sangre
la larga venda que hilaba.
Ya no le quedó más lino
y la venda roja y blanca
Puso en los ojos del hombre,
que ya no pudo ver nada...
Pero, después de unos días,
el hombre le preguntaba:
—¿Donde te fuiste, Hilandera,
que ni siquiera me hablas?
¿Qué hacías en estos días,
qué hacías y dónde estabas?
Y contestó la Hilandera:

—Hilaba.
Y un día vio la Hilandera
que el hombre ciego lloraba;
ya estaba la espesa venda
atravesada de lágrimas,
una gota cristalina
de cada ojo manaba.
Y el hombre dijo:
                        Hilandera,
¡te estoy mirando a la cara!
¡Qué bien se ve todo el mundo
por el cristal de las lágrimas!
Los caminos están frescos,
los campos verdes de agua;
hay un iris en las cosas,
que me las llena de gracia.
La vida es buena, Hilandera,
la vida no tiene zarzas;
¡quítame la larga venda
que me pusiste en la cara!
Y ella le quitó la venda
y la Hilandera lloraba
y se estuvieron mirando
por el cristal de las lágrimas
y el amor, entre sus ojos,
hilaba. . .

BOLIVAR EN LOS ANDES

Rufino Blanco Fombona

Dardea sus agujas de oro la mañana,
y los Andes erigen sus agujas de hielo;
avanza la columna, bajo el oro del cielo,
por la nieve que, heridas, pincelaron de
[grana.

Ventisqueros y páramos cruzó la caravana;
de jinetes e infantes quedó esterado el suelo;
y de mañana y tarde y mediodía un vuelo.
de cuervos sigue el rumbo de la hueste
La ventisca emparama: el sol quema. La
[tropa
en angustias el alma y en hilachas la ropa,
divisa un horizonte de montañas de nieve...
y el desconsuelo postra la exhausta cara-
[vana.

Pero Bolívar habla; y en una arenga breve
anuncia la victoria de Boyacá, cercana.

EXPLICACION

Rufino Blanco Fombona

No busques, poeta, collares de rimas
en casa de orfebre, cinceles y limas
repujan ni nielan los cantos mejores:

los cantos mejores son nuestros amores,
    son nuestros amores y nuestros dolores;
las dulces quimeras, los casos de angustia,
idilio que enflora, pasión que se mustia;
visiones de encanto
el vuelo de un tren,
y cosas de llanto
y cosas de bien.

    El mejor poema es el de la vida:
de un piano, en la noche, la nota perdida;
la estela de un barco; la ruta de flores
que lleva a ciudades ignotas; dolores
pueriles; mañanas de riñas; sabor
de besos no dados, y amor sin amor.

    ¡Qué alegre es la casa del titiritero!
La casa que pasa por todo sendero
y exhibe a los bordes de tantos poblachos
sus damas, sus hércules y sus mamarrachos!
¡Qué libre es la vida de todo bohemio,
poetas gitanos! Por único premio
de su rebeldía y su libertad
los saluda el cielo de cada ciudad;
y son sus amigos las cosas viajeras:
las brisas, las nubes y las primaveras.

Adoro la gente que adora la errante
vida. La bohemia libre y trashumante.
Seguí sus pendones, eché a caminar,
y en burgos y villas me puse a cantar.
¡Oh, amores y rutas y alarmas! ¡Oh, accio-
[nes!
Bardo, la poesía no está en las canciones.

EL CANTO DE MIEL

Humberto Tejera

(Fragmento)

Un siglo de la historia tolteca se termina.
Ramajes de fragancia y vasos de resina
de los piramidales santuarios en las gradas.
Angustia en los espíritus; afán en las miradas.
Es la víspera triste de la fecha sombría
que sólo ve dos veces la vida más tardía.
Los ánimos aflige la inminencia del daño,
con la esperanza de algo remotamente extraño.
Puede el tiempo estrellarse contra el caos pro-
[fundo.
Puede la nada lóbrega reconquistar el mundo...

De Itzacuátl Tonatiúh mira desde la cumbre
caer de aquella tarde la perezosa lumbre.

319

Mitl, el primer poeta que diera el pueblo artista.
La gran Ciudad Sagrada despliega ante la vista
su manta de dibujos grandiosos y severos
en que parecen tallos rameados los senderos,
y los recintos abren geométricas corolas,
y cual racimos surgen las pirámides solas...

Allá, en las lejanías que el torvo lago azoga,
la dulce tarde, pálida, lentamente se ahoga...

Mitl, el que desaparece sonámbulo en la montaña
del bosque; el que bautiza las flores de montaña;
el que se alimenta con los higos de tuna;
el que en los lagos húndese para besar la luna;
con la obsesión terrible que a su pueblo exaspera
embraza el teponaxtli de cóncava madera
resonante a los vientos, y en el ámbito traza
las finiseculares angustias de su raza:

El tigre de las selvas de la eternidad
que sentado, en sus zarpas devora cada edad,
con sus ojos de brasa mira nuestra Ciudad.

Otra vez, trece años cayeron cuatro veces
sobre nuestras conquistas y nuestras altiveces.
Otra vez, o resurges, o en la noche pereces,

sagrada y prodigiosa Teotihuacán-Tula!

La que argentan los lagos y la que al aire azula!
De nuestras almas lumbre, de nuestros ojos gula!

El tigre que en sus zarpas devora los imperios,
el Tiempo, dios final de todos los misterios,
en ti tiene clavados sus grandes ojos serios!

El siglo, entre sus garras, expira como un ciervo.
Y sobre tí la mancha de su instinto protervo
circunvuela con rondas tenebrosas de cuervo.
¡Rasguemos nuestros mantos, y cubramos con
                                            [tierra
nuestras joyas riquísimas y trofeos de guerra,
cuanto la astral metrópoli en sus lindes encierra!

¡A la hoguera del siglo en siniestro estertor,
las flechas y los mantos, y los jarros de olor,
y los recuerdos mismos de nuestro dulce amor!
Si llega la catástrofe que anunciaron los dioses
que nos encuentre muertos para penas y goces,
lustrados con el llanto de finales adioses.

Conforme a la inflexible y excelsa tradición,
todo lo construido, nuestra generación
soterrará con esa fatal renunciación.

Nosotros no destruimos: cubrimos lo creado.
Con sus triunfos y errores el terrible pasado
del mundo, cada siglo dejamos enterrado.

El cascabel que adorna de Quetzalcóatl la cola
pasa sobre nosotros como trágica ola
que revive los seres, cuando no los inmola.

Somos los constructores y los ocultadores.
Sobre templos alzamos otros templos mayores
Renovamos la vida para hacernos mejores.

Pero en uno de estos seculares fracasos
la sombra inaplacable, que sigue los pasos,
para siempre en la roca quebrará nuestros vasos.

   Para siempre las obras quedarán escondidas
bajo capas de lodo y de piedras partidas.
Para siempre la noche cubrirá nuestras vidas.

   Cuando el Fuego se niegue para siempre a
                                        [brotar
al soplo del teotéuctli; y haciéndonos llorar
Quetzalcóatl se aleje en las trombas del mar...

Barridos por el viento del terrible destino,
fragmentos de este pueblo seguirán el camino
del Sur, dando a otras tierras su genio peregrino.

Debajo de otros soles, tras desolados viajes,
en medio de océanos y vírgenes boscajes,
la bífida Serpiente lucirá sus plumajes.

Irá el tropel de siglos corriendo todavía,
y ha de llegar el fin, ha de llegar el día
en que sobre esta urbe reine la selva umbría.

El áspero zacate, y el espino, y la tuna,
brocharán oros muertos, listarán greca bruna
sobre estas pirámides del Sol y de la Luna.

¡Y todavía el tolteca triunfará del arcano!
Hombres de claros ojos, hombres de blanca mano,
que exhumarán sus obras, lo llamarán hermano!
                                                    !

Comprenderán nuestra ansia de amor y de infinito.
Desgarrando los tiempos, escucharán el grito
que echamos en las fauces del destructor maldito.
    Sabrán que libres, fuertes, unimos nuestros
                                    [hombros,
Que la piedra mordimos con dolores y hombros,
Que nuestros altos templos tornamos en escom-
                                            [bros.

por recubrirlos luego con otra nueva hechura,
sedientos cada vez de mayor hermosura;
ansiando, a cada aurora, una verdad más pura.

Y esos hombres, fantasmas de distante milenio,
los aprovechadores del radio y el selenio,
verán en piedra y barro la flor de nuestro genio,

Intuirán en las podres, las trizas, las herrumbres
el amor que hizo puras las ingenuas costumbres,
y tendrán cual nosotros sed de vientos y lumbres.

Sabrán que al surco fuimos sin excepción de pro-
[les
que erguimos los relieves con ansia de arreboles
y que desentrañamos la trama de los soles.

Sabrán que el alto Numen de nuestra estirpe clara
Quetzalcóatl, el astro, el soplo, la fiel vara
que el pueblo de los dulces artífices ampara,

vino de las penumbras ignotas, nos condujo
con clemencias de sabio, con astucias de brujo,
somos el reflejo de su celeste influjo.

Que en las tinieblas áridas del nuevo continente
encendimos el fuego libertario y la mente
elevamos inquietos al azul. . .

cantaba donde hoy canta, el valle en las honduras
y su canción riendo infantiles ternuras
perlaba los retoños, lavaba las verduras.

Rasaba el rayo último la florida meseta.
Se hundía en las crecientes penumbras la ciudad,
y Mitl, aquel poeta, aquel primer poeta
de nuestra tierra límbica, sonrió a la eternidad.

EL HOMBRE,
EL CABALLO Y EL TORO

Andrés Bello

A un Caballo dio un Toro tal cornada,
que en todo un mes no estuvo para nada.
Restablecido y fuerte,
quiere vengar su afrenta con la muerte
de un enemigo; pero como duda
si contra el asta fiera, puntiaguda,
armas serán sus cascos, poderosa,
al hombre pide ayuda.
   —De mil amores, —dice el hombre— ¿Hay
                                    [cosa
más noble y digna del valor humano,
que defender al flaco y desvalido,
y dar castigo a un ofensor villano?
Llévame a cuestas tú, que eres fornido;
yo le mato, y negocio concluído.
   Apercibidos van a maravilla
los aliados; lleva el hombre lanza;
riendas el buen rocín, y freno, y silla
y en el bruto feroz toman venganza.
   —Gracias por tu benévola asistencia,
dice el corcel— me vuelvo a mi querencia;
desátame la cincha, y Dios te guarde.—
—¿Cómo es eso? ¿Tamaño beneficio
pagas así?—

—Yo no pensé. . .

—Ya es tarde
para pensar; estás a mi servicio;
y quieras o no quieras,
en él has de vivir hasta que mueras.

Pueblos americanos,
si jamás olvidáis que sois hermanos,
y a la patria común, madre querida,
ensangrentáis en duelo fratricida,
¡ah!, no invoquéis, por Dios, de gente extraña
el costoso favor, falaz, precario,
más de temer que la enemiga saña.
¿Ignoráis cuál ha sido su costumbre?
Demandar por salario
tributo eterno y dura servidumbre.

LAMPARA VOTIVA

Alfredo Arvelo Larriva

Me recibes enfermo, tendido en cama. . .
Se te oxidan las fuerzas, viejo león;
mas no herrumba el olvido tu recia fama,
ni herrumba la tristeza tu corazón.

En los ojos te fulge la interna llama;
humo espiras; tu habano —breve tizón—
por el pecho en ceniza se te derrama. . . .
y me acuerdas volcanes en erupción.

¡Volcán de altiva cumbre, de lumbre homérica;

pasión y poesía y amor de América,
ciega de sol, preñada de porvenir!
   ¡Varón Popocatépetl, hombre Orizaba,
por el pecho te miro correr la lava
y en los ojos la interna llama fulgir!

«ENTERRAR Y CALLAR»

Miguel Otero Silva

Si han muerto entre centellas femeninas
inmolados por cráteres de acero,
ahogados por un río de caballos,
aplastados por saurios maquinales,
degollados por láminas de forja,
triturados por hélices conscientes,
quemados por un fuego dirigido,
¿enterrar y callar?

Si han caído de espaldas en el fango
con un hoyo violeta en la garganta,
si buitres de madera y aluminio
desde el más alto azul les dieron muerte,
si el aire que bebieron sus pulmones
fue un resuello de nube ponzoñosa,
si así murieron sin haber vivido,
¿enterrar y callar?
Si las voces de mando los mandaron

deliberadamente hacia el abismo,
si humedeció sus áridos cadáveres
el llanto encubridor de los hisopos,
si su sangre de jóvenes, su sangre
fue tan sólo guarismo de un contrato,
si las brujas cabalgan en sus huesos,
¿enterrar y callar?

Enterrar y gritar.

LA POESIA

Miguel Otero Silva

III

Tú, poesía,
sombra más misteriosa
que la raíz oscura de los añosos árboles,
más del aire escondida
que las venas secretas de los profundos minerales,
lucero más recóndito
que la brasa enclaustrada en los arcones de la
[tierra.

Tú, música tejida
por el arpa inaudible de las constelaciones,
tú, música espigada

al borde de los últimos precipicios azules,
tú, música engendrada
al tam-tam de los pulsos y al cantar de la sangre.

Tú, poesía,
nacida para el hombre y su lenguaje,
no gaviota blanquísima sobre un mar sin navíos,
ni hermosa flor erguida sobre la llaga de un
                                        [desierto.

LOS HIJOS

Miguel Otero Silva

1

Clarín recluso en el follaje, la luz del mediodía.

El amor azogaba su latido de pez en mis estuarios,
las piraguas izaban fulgores de banderas
y el bosque era un embate de verdor y de gritos.
Yo venía bajando por la vida y sus riscos,
siempre río que va a dar a la mar.

De pronto despuntaron a mi orilla dos tallos,
cogollos exprimidos de mis linfas revueltas,
cántaros amasados en mi volante légamo.

El que nació entre rocas se despojó de grumos,
adquirió leña de árbol, estatura de árbol.
Un sol de cal y yeso le fraguó la corteza
pero lianas de apego, chaparros de ternura,
le doblegan las frondas hacia el rumor del agua.

El otro fue rosal. Digo rosal y digo
carmín, aroma, ámbar, aljófar y espinas.
Digo también paloma de encarcelado vuelo,
surtidor malherido por espumas indóciles,
digo mujer y digo
que mis metales rielan al reflejar su frente.

Yo venía bajando por la vida y sus riscos,
siempre río que va a dar a la mar,
y de pronto crecieron a mi orilla dos tallos,
alto verdor el uno, rosal no más el otro.
Sus savias van conmigo, sus nidos van conmigo
y a través de sus hojas miro el azul del aire.

2

Ni los amaneceres de luz turbia y barajas,
ni la almendra de Dios escondida entre libros,
ni la duda, serpiente cartesiana sin tregua,
ni el colmillo frenético del lobo, ¡hermano lobo!,
ni la sonrisa enfática del simio, ¡abuelo simio!,
ni los claros abiertos por la muerte en mis bos-
[ques,

ni las vivientes piedras de antiguas catedrales,
nada abatió mi rumbo con igual brisa. Nada
volcó en mi sangre hirviente tanta púrpura. Nada

excarceló de límites mi materia finita,
tornó en hebra de antena mi confiada indolencia,
me cercó de temores al esguince imprevisto
del azar destructivo, de las complejas máquinas.
Nada me indujo a ser sustancia perdurable,
clamor de río que corre más allá de la muerte.

Nada me dio esta fórmula de amar sin otro anhelo
que amar..

Sólo los hijos.

3

Sangre ya no es el foso jaspeado por los héroes,
ni el clavel hecho trizas que cohíbe al amor,
ni la aurora entreabierta sobre el pecho de Cristo,
ni el manantial de hormigas en la sombra del
[toro,
ni la huella del pájaro,
ni la armonía del hombre.

Muerte ya no es la encina plantada por los héroes,
ni la ignota galaxia constelada de arcángeles,
ni el fosco laberinto, neblinoso de arcanos,

ni la mar sempiterna donde acaban los ríos,
ni el nidal de las piedras,
ni el reposo del hombre.

Guerra ya no es la lámina bruñida por los héroes,
ni la noche cruzada por invictas banderas,
ni el jinete ululante que cabalga en el fuego,
ni el huso, doloroso tejedor de la historia,
ni el furor de los dioses,
ni el destino del hombre.

Se aprende a tener miedo.

BOSQUE DE MUSICA

Vicente Gerbasi

Mi ser fluye en tu música, bosque dormido en el
[tiempo,
rendido a la nostalgia de los lagos del cielo.
¿Cómo olvidar que soy oculta melodía
y tu adusta penumbra voz de los misterios?
He interrogado los aires que besan la sombra,
he oído en el silencio tristes fuentes perdidas,
y todo eleva mis sueños a músicas celestes.
Voy con las primaveras que te visitan de noche,
que dan vida a las flores en tus sombras azules
y me revelan el vago sufrir de tus secretos.

Tu sopor de luciérnagas es lenta astronomía
que gira en mi susurro de follaje en el viento
y alas da a los suspiros de las almas que escondes.
¿Murió aquí el cazador, al pie de las orquídeas,
el cazador nostálgico por tu magia embriagado?
Oh, bosque: tú que sabes vivir de soledades
¿adónde va en la noche el hondo suspirar?

AMBITO DE LA ANGUSTIA

Vicente Gerbasi

No se ha meditado aún sobre estas tristes ruinas.
Participo de la gran alegría que hace cantar con
[el vino,
luego me hieren los lamentos como a un árbol
[la tempestad nocturna.
Se pierden conmigo en la sombra
como se pierde la noche en el bálsamo misterioso
[de la muerte.
Busco mi voz abandonada sobre los mares, en el
[aire de las islas,
en las comarcas donde habitan los desterrados y
[los místicos,
y vago bajo la lluvia de los bosques en la soledad.
Como el árbol al borde del abismo, me salva la
[inquietud perenne,
y me acerca a Dios que vigila tras las músicas
[terrestres.

Alguien puede llamar a la puerta de alguna vi-
                              [vienda en la noche,
mas solamente aparecerá el rostro del silencio
en medio de la pesadumbre.
No hemos meditado aún para amar y ser serenos.
Oh, si tendiéramos la tristeza como niebla delgada,
serenamente, sobre estos vastos dominios desolados.

MI PADRE, EL INMIGRANTE

Vicente Gerbasi

(Fragmentos)

Venimos de la noche y hacia la noche vamos.
Atrás queda la tierra envuelta en sus vapores,
donde vive el almendro, el niño y el leopardo.
Atrás quedan los días, con lagos, nieves, renos,
con volcanes adustos, con selvas hechizadas,
donde moran las sombras azules del espanto.
Atrás quedan las tumbas al pie de los cipreses,
solos en la tristeza de lejanas estrellas.
Atrás quedan las glorias como antorchas que
                                        [apagan
ráfagas seculares.
Atrás quedan las puertas quejándose en el viento.
Atrás queda la angustia con espejos celestes.
Atrás el tiempo queda como drama en el hombre:
engendrador de vida, engendrador de muerte.

El tiempo que levanta y desgasta columnas,
y murmura en las olas milenarias del mar.
Atrás queda la luz bañando las montañas,
los parques de los niños y los blancos altares.
Pero también la noche con ciudades dolientes,
la noche cotidiana, la que no es noche aún,
sino descanso breve que tiembla en las luciérna-
                                        [gas,
o pasa por las almas con golpes de agonía.
La noche que desciende de nuevo hacia la luz,
despertando las flores en valles taciturnos,
refrescando el regazo del agua en las montañas,
lanzando los caballos hacia azules riberas,
mientras la eternidad, entre luces de oro,
avanza silenciosa por prados siderales.
A veces caigo en mí, como viniendo de ti,
y me recojo en una tristeza inmóvil,
como una bandera que ha olvidado el viento.
Por mis sentidos pasan ángeles del crepúsculo,
y lentos me aprisionan los círculos nocturnos.
Venimos de la noche y hacia la noche vamos.
Escucha. Yo te llamo desde un reloj de piedra,
donde caen las sombras, donde el silencio cae.

Tu aldea en la colina redonda bajo el aire del
                                        [trigo,
frente al mar con pescadores en la aurora,
levantaba torres y olivos plateados.

Bajaban por el césped los almendros de la pri-
[mavera,
el labrador como un profeta joven,
y la pequeña pastora con su rostro en medio de
[un pañuelo.
Y subía la mujer del mar con una fresca cesta
[de sardinas.
Era una pobreza alegre bajo el azul eterno,
con los pequeños vendedores de cerezas en las
[plazoletas,
con las doncellas en torno a las fuentes
movidas rumorosamente por la brisa de los cas-
[taños,
en la penumbra con chispas del herrero,
entre las canciones del carpintero,
entre los fuertes zapatos claveteados,
y en las callejuelas de gastadas piedras,
donde deambulaban sombras del purgatorio.
Tu aldea iba sola bajo la luz del día,
con nogales antiguos de sombra taciturna,
a orillas del cerezo, del olmo y de la higuera.
En sus muros de piedra las horas detenían
sus secretos reflejos vespertinos,
y al alma se acercaban las flautas del poniente.
Entre el sol y sus techos volaban las palomas.
Entre el ser y el otoño pasaba la tristeza.
Tu aldea estaba sola como en la luz de un cuento,
con puentes, con gitanos y hogueras en las noches

de silenciosa nieve.
Desde el azul sereno llamaban las estrellas,
y al fuego familiar, rodeado de leyendas,
venían las navidades,
con pan y miel y vino,
con fuertes montañeses, cabreros, leñadores.
Tu aldea se acercaba a los coros del cielo,
y sus campanas iban hacia las soledades,
donde gimen los pinos en el viento del hielo,
y el tren silbaba en lontananza, hacia los túneles,
hacia las llanuras con búfalos,
hacia las ciudades olorosas a frutas, hacia los
[puertos,
mientras el mar daba sus brillos lunares,
más allá de las mandolinas,
donde comienzan a perderse las aves migratorias.
Y el mundo palpitaba en tu corazón.
Tú venías de una colina de la Biblia,
desde las ovejas, desde las vendimias,
padre mío, padre del trigo, padre de la pobreza
de mi poesía.

COLOMBIA

Porfirio Barba Jacob
Guillermo Valencia
Luis Benjamín Cisneros
Ricardo Arenales
Ismael Enrique Arciniegas
Jorge Isaacs
José Caicedo Rojas
Julio Florez
Vázquez Yepes
Claudio de Alas
José Asunción Silva
José Eustasio Rivera
Enrique Alvarez Henao
Epifanio Mejía
Adolfo León Gómez
Joaquín González Camargo
Eduardo Carranza
León de Greiff

LAMENTACION DE OCTUBRE

Porfirio Barba Jacob

Yo no sabía que el azul mañana
es vago espectro del brumoso ayer;
que agitado por soplos de centurias
el corazón anhela arder, arder.
Siento su influjo, y su lactancia, y cuando
quiere sus luminarias encender.

Pero la vida está llamando,
y ya no es hora de aprender.

Yo no sabía que tu sol, ternura,
da al cielo de los niños rosicler,
y que, bajo el laurel, el héroe rudo
algo de niño tiene que tener.
¡Oh, quién pudiera, de niñez temblando,
a una alba de inocencia renacer!

Pero la vida está pasando,
y ya no es hora de aprender.

Yo no sabía que la paz profunda
del afecto, los lirios del placer,
la magnolia de luz de la energía
lleva en su seno blanco la mujer.

Mi sien rendida en ese seno blando,
un hombre de verdad pudiera ser...

¡Pero la vida está acabando,
y ya no es hora de aprender!

CANCION DE LA VIDA PROFUNDA

Porfirio Barba Jacob

Hay días en que somos tan móviles, tan móviles,
como las leves briznas al viento y al azar.
Tal vez bajo otro cielo la dicha nos sonría...
La vida es clara, undivaga y abierta como el mar.

Y hay días en que somos tan fértiles, tan fértiles,
como en abril el campo, que tiembla de pasión:
bajo el influjo pródigo de espirituales lluvias,
el alma está brotando floresta de ilusión.

Y hay días en que somos tan sórdidos, tan sórdidos
como la entraña oscura de oscuro pedernal:
la noche nos sorprende con sus profundas lám-
[paras,
en rútiles monedas, tasando el Bien y el Mal.

Y hay días en que somos tan plácidos, tan plácidos
—niñez en el crepúsculo, laguna de zafir—

que un verso, un trino, un monte, un pájaro que
[cruza,
y hasta las propias penas nos hacen sonreír...

Y hay días en que somos tan lúgubres, tan lúgu-
[bres
como en las noches lúgubres el llanto del pinar.
El alma gime entonces bajo el dolor del mundo,
y acaso ni Dios mismo nos pueda consolar...

Mas hay también, ¡oh tierra! un día, un día, un
[día
en que levamos anclas para jamás volver.
Un día en que discurren vientos inexorables.
Un día en que ya nadie nos puede retener.

LOS JAZMINES

Luis Benjamín Cisneros

Cándida virgen, pudorosa y tierna,
en sus pupilas negras sonreía,
como velada irradiación interna
de inocencia, de amor y de poesía.
La negra cabellera coronaba
su talle esbelto de ideal belleza:
la vez primera que la vi, llevaba
blanco jazmín prendido en la cabeza.

343

Bañaba siempre un encendido rayo
de nácar rosa su mejilla pura,
rosa ella misma de florido mayo
en todo el esplendor de la hermosura.

Yo, casi niño aún, la amé sincero
con la ilusión de virginal cariño,
con la ternura del amor primero
y el sobresalto y timidez del niño.

El vivo ardor de mi amorosa llama
nunca mi labio revelarle pudo,
que es débil siempre el corazón que ama
y mi propio temor era su escudo.

Con las frases más breves y sencillas
quise hablarle cien veces el lenguaje
de la pasión, besando de rodillas
la cola vaporosa de su traje;

y cien veces callé, porque temía
agregar su desdén a mi tormento,
y al pensarlo, mi ser desfallecía
sin esperanza, ni valor, ni aliento.

Cansado, al fin, de tan cruel tortura,
escribíle un billete perfumado
en que, después de hablar de mi ternura,
le rogaba decirme si era amado.

Y la agregué, con mano temblorosa:
—"Iré a verte a la tarde, y si tuvieres
puesto un jazmín en tu cabeza hermosa
será feliz señal de que me quieres".—

¡Oh, amor! ¡Con qué ansiedad devora-
                                          [dora
vi aproximarse la anhelada tarde!
¡Fue eterno siglo para mí cada hora,
sin vida casi el corazón cobarde!...
    ¡Pero, oh feliz señal!... Ventura humana,
al llegar de su calle a los confines,
la vi que me esperaba en su ventana
¡la cabeza cuajada de jazmines!

    Tiñó su tez cual llama purpurina
que pronta reacción trocó en sonrojos
y del pudor con la expresión divina
al mirarme avanzar, bajó los ojos...

    ¡Oh, amor!... ¡Oh, dulce aspiración
                                          [sentida
que unes las almas y la vida creas,
primer y último encanto de la vida,
amor, oh santo amor, bendito seas!

LOS CAMELLOS

Guillermo Valencia

Dos lánguidos camellos, de elásticas cervices.
de verdes ojos claros y piel sedosa y rubia,
los cuellos recogidos, hinchadas las narices,
a grandes pasos miden un arenal de Nubia.

Alzaron la cabeza para orientarse, y luego
el soñoliento avance de sus vellosas piernas
—bajo el rojizo dombo de aquel cenit de fuego—
pararon silenciosos al pie de las cisternas...

Un lustro apenas cargan bajo el azul magnífico,
y ya sus ojos queman la fiebre del tormento:
tal vez leyeron, sabios, borroso jeroglífico
perdido entre las ruinas de infausto monumento.

Vagando taciturnos por la dormida alfombra,
cuando cierra los ojos el moribundo día,
bajo la virgen negra que los llevó en la sombra
copiaron el desfile de la Melancolía...

Son hijos del desierto: prestóles la palmera
un largo cuello inmóvil que sus vaivenes finge,
y en sus marchitos rostros que esculpe la Quimera
¡sopló cansancio eterno la boca del Esfinge!

Dijeron las Pirámides que el viejo sol rescalda:
"Amamos la fatiga con inquietud secreta...",
y vieron desde entonces correr sobre una espalda
tallada en carne viva su triangular silueta.

Los átomos de oro que el torbellino esparce
quisieron en sus giros ser grácil vestidura,

y unidos en collares por invisible engarce
vistieron de giboso la escuálida figura.

Todo el fastidio, toda la fiebre, toda el hambre,
la sed sin agua, el yermo sin hembras, los despojos
de caravanas... Huesos en blanquecino enjam-
[bre...
todo en el cerco bulle de sus dolientes ojos.

Ni las sutiles mirras, ni las leonadas pieles,
ni las volubles palmas que riegan sombra amiga,
ni el ruido sonoroso de claros cascabeles
alegran las miradas al rey de la fatiga.

¡Bebed dolor en ellas, flautistas de Bizancio
que amáis pulir el dáctilo al son de las cadenas;
sólo esos ojos pueden deciros el cansancio
de un mundo que agoniza sin sangre entre las
[venas!
¡Oh, artistas! ¡Oh, camellos de la llanura vasta
que vais llevando a cuestas el sacro monolito!
¡Tristes de esfinge! ¡Novios de la palmera casta!
¡Sólo calmáis vosotros la sed de lo infinito!

¿Qué pueden los ceñudos? ¿Qué logran las
[melenas
de las zarpadas tribus cuando la sed oprime?
Sólo el poeta es lago sobre este mar de arenas;
sólo su arteria rota la Humanidad redime.

Se pierde ya a lo lejos la errante caravana
dejándome —camello que cabalgó el Excidio...
¡cómo buscar sus huellas al sol de la mañana,
entre las ondas grises de lóbrego fastidio!

¡No!, buscaré dos ojos que he visto, fuente pura
hoy a mi labio exhausta, y aguardaré paciente
hasta que suelta en hilos de mística dulzura
refresque las entrañas del lírico doliente.

Y si a mi lado cruza la sorda muchedumbre
mientras el vago fondo de esas pupilas miro,
dirá que vio un camello con honda pesadumbre,
mirando silencioso dos fuentes de zafiro...

EL REPROCHE

Ismael Enrique Arciniegas

Entre los temblorosos cocoteros
sollozaba la brisa; y en la rada,
del ocaso los rayos postrimeros
eran como una inmensa llamarada.

Al oír mi reproche
se apagaron en llanto sus sonrojos
y fue cual pincelada de la noche
el cerco de violetas de sus ojos.

348

Y al confesar su culpa
su voz era sollozo de agonía,
y la blancura de su tez fingía
del coco tropical la nívea pulpa.

BOHEMIA

Ismael Enrique Arciniegas

Llegaron mis amigos de colegio
y absortos vieron mi cadáver frío.
"Pobre", exclamaron y salieron todos:
ninguno de ellos un adiós me dijo.

Todos me abandonaron. En silencio
fui conducido al último recinto;
ninguno dio un suspiro al que partía,
ninguno al cementeiro fue conmigo.

Cerró el sepulturero mi sepulcro;
me quejé, tuve miedo y sentí frío,
y gritar quise en mi cruel angustia,
pero en los labios expiró mi grito.

El aire me faltaba y luché en vano
por destrozar mi féretro sombrío,
y en tanto..., los gusanos devoraban,
cual suntuoso festín, mis miembros rígidos.

"Oh, mi amor, dije al fin, ¿y me aban-
                                    donas?
Pero al llegar su voz a mis oídos
sentí latir el corazón de nuevo,
y volví al triste mundo de los vivos.

Me alcé y abrí los ojos. ¡Cómo hervían
las copas de licor sobre los libros!
El cuarto daba vueltas, y dichosos
bebían y cantaban mis amigos.

LA TUMBA DEL SOLDADO

Jorge Isaacs

El vencedor ejército la cumbre
salvó de la montaña
y en el ya solitario campamento,
que de lívida luz la tarde baña,
del negro terranova,
compañero jovial del regimiento,
resuenan los aullidos
por los ecos del valle repetidos.

Llora sobre la tumba del soldado,
y bajo aquella cruz de tosco leño,
lame el césped aún ensangrentado
y aguarda el fin de tan profundo sueño.
Meses después, los buitres de la sierra

rondaban todavía
el valle, campo de batalla un día.
Las cruces de la tumba ya por tierra...
Ni un recuerdo, ni un nombre...
¡Oh!, no; sobre la tumba del soldado,
del negro terranova
cesaron los aullidos,
mas del noble animal allí han quedado
los huesos sobre el césped esparcidos.

EL PRIMER BAÑO

José Caicedo Rojas

Eva, al acaso discurriendo un día
del encantado Edén por las praderas,
sin pensarlo sus pasos dirigía
de un cristalino arroyo a las riberas.

Contemplando la extraña maravilla,
alegre llega a la espumosa fuente,
y admirada detiénese en la orilla
escuchando el rumor de la corriente.

Curiosa inclina el cuerpo hacia adelante,
allí donde la onda se dilata,
y en el líquido espejo en un instante
su hechicera figura se retrata.

La bella aparición la mira atenta,

y al verla sonreír también sonríe,
y acércase también si Eva lo intenta,
sin que una de otro tema o desconfíe.

   Seña por seña al punto la devuelve,
tan pronto se retira como avanza,
una y mil veces a mirarla vuelve,
y Eva el misterio o comprender no alcanza.

   De la muda visión un ser se fragua,
y, de entusiasmo en inocente acceso,
el labio de coral acerca al agua
y ambas se dan un amoroso beso.

   ¿Su delirio a abrazarla al fin la lleva;
mas pagado bien caro el dulce engaño,
se sumerge en las ondas... Así Eva
se dio en el Paraíso el primer baño.

IDILIO ETERNO

Julio Florez

   Ruge el mar, y se encrespa y se agiganta
la luna, ave de luz, prepara el vuelo;
y en el momento en que la luz levanta,
da un beso al mar, y se remonta al cielo.

   Y aquel monstruo indomable, que respira
tempestades, y sube, y baja, y crece,
al sentir aquel ósculo suspira...
¡y en su cárcel de rocas se estremece!

Hace siglos de siglos, que, de lejos,
tiemblan de amor en noches estivales;
ella le da sus límpidos reflejos,
él le ofrece sus perlas y corales.

Con orgullo se expresan sus amores
estos viejos amantes afligidos;
ella dice "¡te quiero!" en sus fulgores,
y él prorrumpe "¡te adoro!" en sus rugidos.

Ella lo aduerme en su lumbre pura,
y el mar la arrulla con su eterno grito,
y le cuenta su afán y su amargura,
con una voz que truena en lo infinito.

Ella, pálida y triste, lo oye y sube,
le habla de amor en el celeste idioma,
y, volando la faz tras de la nube,
le oculta el duelo que a su frente asoma.

Comprende que su amor es imposible;
que al mar la acopia en su convulso seno,
y se contempla en el cristal movible
del monstruo azul donde retumba el trueno.

Y al descender tras de la sierra fría,
le grita el mar: ¡"En tu fulgor me abraso!
¡No desciendas tan pronto estrella mía!
¡Estrella de mi amor, detén el paso!

¡Un instante!... ¡Mitiga mi amargura,
ya que en tu lumbre sideral me bañas!
¡No te alejes!... ¿No ves tu imagen pura
brillar en el azul de mis entrañas?"

Y ella exclama, en su loco desvarío;
"¡Por doquiera la muerte me circunda!
¡Detenerme no puedo, monstruo mío!
¡Complace a tu pobre moribunda!

¡Mi último beso de pasión te envío;
mi postrer lampo a tu semblante junto!"...
Y en las hondas tinieblas del vacío,
hecha cadáver, se desploma al punto.

Y luego el mar, de un polo al otro polo,
al encrespar sus olas plañideras,
inmenso, triste, desvalido y solo,
cubre con sus sollozos las riberas.

Y al contemplar los luminosos rastros
del alba luna en el oscuro velo
tiemblan, de envidia y de dolor, los astros
en la profunda soledad del cielo.

¡Todo calla!... ¡El mar no importuna
con sus salvajes gritos de reproche,
y sueña que se besa con la luna,
en el tálamo negro de la noche!

RETO

Julio Florez

Si porque a tus plantas ruedo
como un ilota rendido,
y una mirada te pido
con temor, casi con miedo,
si porque ante ti me quedo
extático de emoción,
piensas que mi corazón
se va en mi pecho a romper
y que por siempre he de ser
esclavo de mi pasión;
¡te equivocas, te equivocas!
fresco y fragante capullo,
yo quebrantaré tu orgullo
como el minero las rocas.
Si a la lucha me provocas,
dispuesto estoy a luchar;
tú eres espuma, yo mar
que en tus cóleras confía;
me haces llorar, pero un día
yo también te haré llorar.
Y entonces, cuando rendida
ofrezcas toda tu vida,
perdón pidiendo a mis pies,
como mi cólera es

infinita en sus excesos,
¿sabes lo que haría en esos
momentos de indignación?
¡Arrancarte el corazón
para comérmelo a besos!

¿EN QUE PIENSAS?

Julio Florez

Dime: cuando la noche, taciturna,
la frente escondes en tu mano blanca
y oyes la triste voz de la nocturna
brisa que el polen de la flor arranca;

cuando se fijan tus brillantes ojos
en la plomiza clámide del cielo,
y mustia asoma entre tus labios rojos
una sonrisa fría como el hielo;

cuando en el marco gris de tu ventana
lánguida apoyas tu cabeza rubia,
y miras con tristeza en la cercana
calle, rodar las gotas de la lluvia;

dime: cuando en la noche te despiertas
y hundes el codo en la almohada y lloras,
y abres entre las sombras las inciertas
pupilas, como el sol abrasadoras;

¿en qué piensas? ¿en qué? ¡Pobre ángel mío!
¿Piensas en nuestro amor despedazado
y, a como el junto al ímpetu bravío
del torrente que salta desbordado?

¿Piensas, tal vez, en las azules tardes
en que a la luz de tu mirada ardiente,
mis ojos indecisos y cobardes
posáronse en el mármol de tu frente?

¿O piensas en la hojosa enredadera
bajo la cual un tiempo te veía
peinar tu ensortijada cabellera,
al abrirse los párpados del día?

¡Quién sabe!... No lo sé, pero imagino
que en esas horas de aparente calma,
percibes mucha sombra en tu camino,
¡sientes muchas tristezas en tu alma!

Mas... otro amante extinguirá tu frío;
yo sé que tu pesar no será eterno;
mañana vivirás en pleno estío...
y yo, con mi dolor... ¡en pleno invierno!

JUDITH

Vázquez Yepes

Saboreando su block en la penumbra
de un lejano rincón de la taberna,
en actitud hierática medita
Cluck, el valiente domador de fieras.

Eleva su jubón de terciopelo
(que acaba de lucir sobre la arena)
el pectoral que en arco se levanta
y sus biceps magníficos de atleta.

Todo se aduerme en la desierta sala:
en los vidrios la nieve parlotea,
y lentamente van llegando, tristes,
las doce campanadas de la iglesia.

—Tabernero, mi block está vacío;
acercad otro jarro de cerveza,
y también para vos traed un poco,
que así podremos ahuyentar las penas.

¿Sin duda no sabéis lo que me ocurre?
Mi querida Judith está hoy enferma
—Esa Judith, ¿acaso es vuestra esposa?
—Es aún más: Judith es mi pantera.

Se hirió una mano ayer ¡la pobrecita!
y sin descanso, de dolor se queja,
en cuanto que me ve, llega lamiéndose
y ya me parte el corazón el verla.

—¿Pero cómo es que vos, acostumbrado
a tratar con rigor...? —Vuestra sorpresa
es natural, pero es porque ignoráis
que no es Judith como las otras fieras.

Oíd: cuando viajero por el Africa,
regresaba una noche hacia mi tienda,
encontré abandonada en un oasis
la pequeña Judith, que andaba apenas.

Se acercó despacito hasta mis manos
y me lamía, cariñosa y tierna;
yo la di de comer y, acurrucada,
la hice dormir sobre mi piel de oveja.

Me acuerdo que roncaba tenuemente
¡la perezosa! con fruición inmensa,
y que en la sombra resaltaba el cuerpo
cual un manojo de brillante seda.

Y que, si alegre estoy, también se alegra.
Yo la he visto crecer y, desde entonces,
ha sido para mí siempre tan buena,
que me acaricia si me mira triste.

En el Circo, jamás ha trabajado...
Pero... traed un poco de cerveza;
me duele el corazón cuando recuerdo
que está la pobrecilla tan enferma.

Por su salud, bebamos, tabernero.
—Muy bien. Por su salud y por la vuestra.
(A gran distancia el bulevar murmura
y en los vidrios la nieve parlotea).

. . . .

—¿Conocísteis a Myriam, tabernero?
—¡Claro que sí ¿La pálida morena
que con vos trabajaba en vuestro circo?
Ninguna la igualó para la cuerda.

—Es verdad. En un tiempo nos amamos,
y Judith siempre se mostraba inquieta.
Una noche sentí sobre mi cuello
dos manos poderosas...

—¿La pantera?
—Era Jack, el payaso, que con Myriam
intentaba fugarse de mi tienda:
pero Judith se abalanzó al instante
y de un zarpazo lo arrojó hasta fuera.

Ni caricias bastaron, ni rigores
para ganar de nuevo a la perversa,

y he llegado a saber que es imposible.
Pero... un poco de cerveza.

Después... era una noche de verano;
trabajaba en el barrio de una aldea;
estando yo en la pista oí gemidos
y corrí hasta la jaula de las fieras.

Allí estaba Judith: ¡la piel hirsuta!
¡las pupilas brillantes y siniestras!
¡entre sus garras Jack, despedazado!,
y sólo Myriam se quejaba apenas...

Tabernero, mi jarro está vacío;
traed de nuevo un poco de cerveza.
(Y quedó pensativo y en silencio,
Gluck, el valiente domador de fieras).

CON LOS OJOS AZULES

Claudio de Alas

Con los ojos azules y los labios sensuales.
cuerpo blanco y nervioso con perfume de azahar;
tiene manos tan bellas, como dos madrigales,
y escapada de un libro, se dijera al pasar...

La persiguen mis ojos, en las tardes triunfales.

en que pasa a mi lado, sin quererme mirar:
una risa retoza en sus labios sensuales;
cual si fuera algún beso que quisiera volar.

Es tan dulce y tan bella, tan callada y tan pura,
que al mirarla desecho la brutal mordedura,
que mi mente pudiera inferirle, tal vez...

Ella sé que adivina este amor silenciado;
sé que sueña tenerme contra su pecho intocado:
y por eso es que al verme, se empurpura su tez.

    Y, pensar que en la sombra,
    si el recuerdo la nombra,
    cual si fuera un ¡jamás!
    siento el ansia indecible
    de una cosa imposible,
    que enrojece mi faz.

LA ESCENA DEL TEATRO

Claudio de Alas

Está el teatro repleto y la noche es de gala.
Aparenta al mirarse la magnífica sala,
un jardín de cabezas, o de luz un jardín...
Sedas, oros, sonrisas; joyas, frases y flores;
es el teatro una selva de fulgor y temblores.
en que gruñe una trompa o suspira un violín...

En el palco selecto que por precio y por punto,
es un palco soberbio entre todo el conjunto,
no aparece una cara, ni se advierte un temblor.
¿Por qué el palco selecto estará tan desierto?
en la casa, por acaso, ¿habrá baile? ¿habrá muerto?
O será que a la histérica ya no gusta el Tenor...

El maestro ya mueve la batuta maestra.
Los violines esperan, pronto el arco en la diestra,
y las trompas preparan su primera explosión:
la batuta se alza... Hay un giro de notas...
Los semblantes se aquietan, las palabras son rotas:
y se opacan las luces, y se eleva el telón.

¡Qué belleza! ¡Qué encanto! ¡Qué suprema figura!
A qué triunfo, a qué gloria, a qué altura,
en su aria divina ha llegado el Tenor!
Un estruendo de bravos, una salva de manos...
—Se abre el palco soberbio—. Tres semblantes
[ufanos:
uno viejo, otro imbécil y otro hablando de amor...

Cuchicheos que cruzan y gemelos que apuntan,
¡Oh, cuán bella la histérica! en su rostro se juntan
lo sensual y lo casto, el dolor y el desdén...
Sus pupilas de fiebre acribillan la escena.
Tiene manos nerviosas y su pecho se llena
de una onda que anuncia vagas cosas de harem...

363

Se repiten los bravos, los aplausos batallan:
el Tenor ha cantado una escena, en que estallan,
tres abrazos, tres besos y tres frases de amor...
Y la histérica mira con sus ojos de abismo.
Tiene secos los labios: sueña un rojo idealismo;
la fascina la escena y la enferma el Tenor...

Ya concluye la obra. Ya se agita la gente.
Los postreros aplausos... Se revuelve el ambiente.
Llega el aria suprema con la escena final...
Mientras mueven abrigos y resuenan asientos,
la neurótica sueña, con los labios sedientos,
esa escena de besos: esa escena fatal...

Noche negra y desierta: de aguacero y ventisca.
La neurótica sufre... Está muda y arisca.
—¡Oh, la escena de besos, en que triunfa el
                                            [Amor!—
Muy nerviosa se duerme... Y es su sueño un
                                            [quejido,
porque siente que ponen en su boca y su oído,
esa escena de besos que cantara el Tenor...

LOS MADEROS DE SAN JUAN

José Asunción Silva

...Y aserrín,
aserrán,
los maderos
de San Juan
piden queso,
piden pan;
los de Roque,
alfandoque;
los de Rique,
alfeñique;
los de Trique,
triquitrán.
¡Triqui, triqui, triqui, tran!
¡Triqui, triqui, triqui, tran!...

Y en las rodillas firmes y duras de la abuela,
con movimiento rítmico se balancea el niño,
y entrambos agitados y trémulos están...
La abuela se sonríe con maternal cariño,
mas cruza por su espíritu como un temor extraño
por lo que en el futuro, de angustia y desengaño,
los días ignorados del nieto guardarán...

Los maderos
de San Juan

        piden queso,
        piden pan;
        ¡triqui, triqui, triqui, tran!

¡Esas arrugas hondas recuerdan una historia
de largos sufrimientos y silenciosa angustia!,
y sus cabellos blancos como la nieve están;
de un gran dolor el sello marcó la frente mustia,
y son sus ojos turbios espejos que empañaron
los años y que ha tiempo las formas reflejaron
de seres y de cosas que nunca volverán...

        Los de Roque
        alfandoque,
        ¡triqui, triqui, triqui, tran!

Mañana, cuando duerma la abuela, yerta y muda,
lejos del mundo vivo, bajo la oscura tierra,
donde otros, en la sombra, desde hace tiempo
                                        [están,
del nieto a la memoria, con grave voz que encierra
todo el poema triste de la remota infancia,
pasando por las sombras del tiempo y la distancia,
de aquella voz querida las notas volverán...

        Los de Rique,
        alfeñique,
        ¡triqui, triqui, triqui, tran!

En tanto, en las rodillas cansadas de la abuela,
con movimiento rítmico se balancea el niño,
y entrambos agitados y trémulos están...
La abuela se sonríe con maternal cariño,
mas cruza por su espíritu como un temor extraño
por lo que en el futuro, de angustia y desengaño,
los días ignorados del nieto guardarán...

> ...Los maderos
> de San Juan
> piden queso,
> piden pan;
> los de Roque,
> alfandoque;
> los de Rique,
> alfeñique,
> los de Trique,
> triquitrán.
> ¡Triqui, triqui, triqui, tran!

LOS POTROS

José Eustasio Rivera

Atropellados por la pampa suelta,
los raudos potros, en febril disputa,
hacen silbar sobre la sorda ruta
los huracanes en su crin revuelta.

367

Atrás, dejando la llanura envuelta
en polvo, alargan la cerviz enjuta,
y a su carrera retumbante y bruta
cimbran los pinos y la palma esbelta.
Cuando ya cruzan el austral peñasco,
vibra un relincho por las altas rocas;
entonces paran el triunfante casco.
Resoplan, roncos, ante el sol violento,
y alzando en grupo las cabezas locas,
oyen llegar el retrasado viento.

LOS TRES LADRONES

Enrique Alvarez Henao

Epoca fue de grandes redenciones
el mundo de dolor estaba henchido
y en el Gólgota, en sombras convertido,
se hallaban en sus cruces tres ladrones.

A un lado, en espantosas contorsiones
se encontraba un ratero empedernido,
en el otro, un ladrón arrepentido,
y en el medio, el robador de corazones.

De luto se cubrió la vasta esfera:
Gestas, el malo, se retuerce y gime;
Dimas, el bueno, en su dolor espera.

Y el otro, el de la luenga cabellera,
que sufre, que perdona y que redime,
¡se robó al fin la humanidad entera!

LA MUERTE DEL NOVILLO

Epifanio Mejía

Ya prisionero, y maniatado, y triste
sobre la tierra quejumbroso brama
el más hermoso de la fértil vega,
blanco novillo de tendidas astas.

Llega el verdugo de cuchillo armado;
el bruto ve con timidez el arma;
rompe el acero palpitantes nervios;
chorros de sangre la pradera esmaltan.
Retira el hombre el musculoso brazo,
el arma brilla purpurina y blanca,
se queja el bruto y forcejando tiembla,
el ojo enturbia... y la existencia exhala.

Remolinando por el aire, vuelan
los negros guales de cabeza calva,
fijan el ojo en el extenso llano
y al matadero, desbandados, bajan.

Brama escarbando el arrogante toro
que oye la queja en la vecina pampa,
y densas nubes de revuelto polvo
caen en la piel de sus lustrosas ancas.

Poblando el valle de bramidos tristes
huele la sangre... y el olor a muerte
quejas y gritos de terror le arranca.

Los brutos tienen corazón sensible,

por eso lloran la común desgracia
en ese clamoroso de profundis
que todos ellos a los vientos lanzan.

NUESTROS NOMBRES

Adolfo León Gómez

I

Sobre la arena grabó mi nombre
y leve viento lo arrebató:
¡quedó la playa serena y fría
de negra noche bajó el crespón.

Años más tarde, de su memoria
también mi nombre desapareció...
¡Como la playa, como la noche
quedó sereno su corazón!...

II

Grabé su nombre sobre la nieve
y al levantarse radiante el sol,
¡letra por letra, gota por gota,
como llorando lo disolvió!

Cuando su olvido me hirió en el alma
borrar yo quise mi ardiente amor,
y sin embargo, cuando la nombro
llora en silencio mi corazón!

ESTUDIANDO

Joaquín González Camargo

En la sala anatómica desierta,
desnudo y casto de belleza rara,
el cuerpo yace de la virgen muerta,
como Venus tendida sobre el ara.
Lánguido apoya la gentil cabeza
del duro mármol en la plancha lisa,
entreabiertos los ojos con tristeza,
en los labios cuajada una sonrisa.

Y desprendida de la sien severa,
del hombro haciendo torneado lecho,
viene a cubrir la suelta cabellera
las ya rígidas combas de su pecho.

Más que muerta, dormida me parece;
pero hay en ella contracción de frío;
es que al morir, el cuerpo se estremece
cuando siente el contacto del vacío.

Mas yo que he sido de la ciencia avaro,
que busco siempre la verdad desnuda,
a estudiar aquel libro me preparo,
interrogando a la materia muda.

Al cadáver me acerco: en la mejilla
brilla y tiembla una lágrima luciente;
¡un cadáver que llora!... Mi cuchilla
no romperá su corazón doliente.

Del estudio me olvido, y me conmueve
tanto esa gota silenciosa y yerta,
que los raudales de mi llanto, en breve,
se juntan con el llanto de la muerta.

AZUL DE TI

Eduardo Carranza

Pensar en ti es azul, como ir vagando
por un bosque dorado al mediodía:
nacen jardines en el habla mía
y con mis nubes por tus sueños ando.

Nos une y nos separa un aire blando,
una distancia de melancolía;
yo alzo los brazos de mi poesía,
azul de ti, dolido y esperando.

Es como un horizonte de violines
o un tibio sufrimiento de jazmines
pensar en ti, de azul temperamento.

El mundo se me vuelve cristalino,
y te miro, entre lámpara de trino,
azul domingo de mi pensamiento.

SONETO CON UNA SALVEDAD

Eduardo Carranza

Todo está bien: el verde en la pradera,
el aire con su silbo de diamante
y en el aire la rama dibujante
y por la luz arriba la palmera.

Todo está bien: la frente que me espera,
el azul con su cielo caminante,
el rojo húmedo en la boca amante
y el viento de la patria en la bandera.

Bien que sea entre sueños el infante,
que sea enero azul y que yo cante.
Bien la rosa en su claro palafrén.

Bien está que se viva y que se muera.
El Sol, la Luna, la creación entera,
salvo mi corazón, todo está bien.

EL SOL DE LOS VENADOS

Eduardo Carranza

Recuerdo el sol de los venados
desde un balcón crepuscular.
Allí fui niño, ojos inmensos,

rodeado de soledad.
El balcón se abría a los cerros
lejanos, casi de cristal.
En lo hondo trazaba el río
su tenue línea musical.
El balcón que vengo narrando
era bueno para soñar:

y en la tarde nos asomábamos
por él hacia la inmensidad,
hacia las nubes y el ensueño,
hacia mi poesía ya.
Del jardín subía la tarde
como de un pecho el suspirar.
Y el cielo azul era tan bello
que daban ganas de llorar.
Todas las cosas de repente
se detenían y era cual
si mirasen el cielo abierto
en pausa sobrenatural.
Por el silencio de mi madre
se oía los ángeles cruzar.
Y quedábamos un instante
fuera del tiempo terrenal,
alelados y transparentes,
como viviendo en un vitral.
Todo el Girón se iluminaba
como de un súbito cantar:

triscaba el sol de los venados
como un dorado recental
por los cerros abandonados:
un sol cordial, un sol mental,
como pensado por la frente
de una doncella, un sol igual
al aleteo de una sonrisa
que no se alcanza a deshojar,
como la víspera de un beso
o el aroma de la claridad,
sueño del sol, cuento del sol...
Y era entonces cuando el turpial,
como ahogándose en melodía,
en su jaula rompía a cantar.
Todo en la tierra de los hombres
parecía a punto de volar
y que en el mundo todo fuera
de aire y alma nada más.
Esto duraba menos tiempo
del que yo llevo en lo narrar.
Las tristes cosas recobraban
de pronto su rostro habitual.
El viento azul volvía a la rama,
volvía el tiempo a caminar
y el hondo río reanudaba
su discurrir hacia la mar.
Entre la gloria del poniente

abierto aún de par en par
tendían sus alas las campanas
hacia un céfiro santoral.

Recuerdo el sol de los venados
desde un balcón crepuscular.
Los días huían como nubes
altas, de un cielo matinal.
Allí fui niño, allí fui niño
y tengo ganas de llorar.
Ah, tristemente os aseguro:
tanta belleza fue verdad.

BALADA DEL TIEMPO PERDIDO

León de Greiff

I

El tiempo he perdido
y he perdido el viaje...

Ni sé adónde he ido...
Mas sí vi un paisaje
sólo en ocres:
desteñido...

Lodo, barro, nieblas; brumas, nieblas, brumas
de turbio pelaje,

de negras plumas.
Y luces mediocres.
Vi también erectos
pinos: señalaban un dombo confuso,
ominoso, abstruso,
y un horizonte gris de lindes circunspectos.
Vi aves
graves,
aves graves de lóbregas plumas
—antipáticas al hombre—,
silencios escuché, mudos, sin nombre,
que ambulaban ebrios por entre las brumas...
Lodo, barro, nieblas; brumas, nieblas, brumas.

No sé adónde he ido,
y he perdido el viaje
y el tiempo he perdido...

II

El tiempo he perdido
y he perdido el viaje...

Ni sé adónde he ido...
Mas supe de un crepúsculo de fuego
crepitador: voluminosos gualdas
y calcinadas lilas!
(otrora muelles como las tranquilas

disueltas esmeraldas).
Sentí, lascivo, aromas capitosos!
Bullentes crisopacios
brillaban lujuriosos
por sobre las bucólicas praderas!
Rojos vi y rubios, trémulos trigales
al beso de los vientos cariciosos!
Sangrantes de amapolas vi verde-azules eras!
Vi arbolados faunales:

versallescos palacios
fabulosos
para lances y juegos estivales!
Todo acorde con pitos y flautas,
cornamusas, fagotes pastoriles,
y el lánguido piano
chopiniano,
y voces incautas
y mezzo-viriles
de mezzo-soprano.

Ni sé adónde he ido...
y he perdido el viaje
y el tiempo he perdido...

III

Y el tiempo he perdido
y he perdido el viaje...
Ni sé adónde he ido...

            por ver el paisaje
            en ocres,
            desteñido,
            y por ver el crepúsculo de fuego!

Pudiendo haber mirado el escondido
jardín que hay en mis ámbitos mediocres!
o mirado sin ver: taimado juego,
buído ardid, sutil estratagema, del Sordo, el Frío,
                                              [el Ciego.

PERU

José Santos Chocano

Ma. Eugenia González O.

César Vallejo

Manuel González Prada

José Ma. Eguren

Ventura García Calderón

Manuel Ugarte

Luis Benjamín Cisneros

Ricardo Palma

BLASON

José Santos Chocano

Soy el cantor de América autóctono y salvaje:
mi lira tiene un alma, mi canto un ideal.
Mi verso no se mece colgado de un ramaje
con un vaivén pausado de hamaca tropical...

Cuando me siento inca, le rindo vasallaje
al Sol, que me da el cetro de su poder real;
cuando me siento hispano y evoco el coloniaje,
parecen mis estrofas trompetas de cristal.

Mi fantasía viene de un abolengo moro:
los Andes son de plata, pero el León de oro;
y las dos castas fundo con épico fragor.

La sangre es española e incaico es el latido;
y de no ser poeta, quizás yo hubiera sido
un blanco aventurero o un indio emperador.

EL SOL Y LA LUNA

José Santos Chocano

Entre las manos de mi madre anciana
la cabellera de su nieto brilla,

y es puñado de trigo, áurea gavilla,
oro de sol robado a la mañana.

Luce mi madre en tanto —espuma vana
que la ola del tiempo echó a la orilla—
a modo de una hostia sin mancilla,
su relumbrante cabellera cana.

Grupo de plata y oro, que en derroches
cubren mi corazón de regocijo.
No importa nada que el rencor me ladre,

porque para mis días y mis noches,
tengo el sol en los bucles de mi hijo
y la luna en las canas de mi madre.

LA EPOPEYA DEL MAR

José Santos Chocano

Y habló el Mar: —¡Yo lo vi! La cruda guerra
en las desgracias aumentó su anhelo...
Si un mundo descubrió sobre la tierra,
ha descubierto un astro bajo el cielo...

Colón era el bohemio de la nave,
el que anidaba un mundo entre la frente,
el que se confundía con el ave,
y volaba y volaba al occidente...

Cuando el pobre bohemio se sentaba
a la orilla del golfo en que vivía,
siempre con mis rumores le llamaba,
siempre con mis vaivenes le atraía...

Y él supo comprenderme. Yo ignorado
vivía como un monstruo entre lo oscuro;
y él supo sepultarse en mi pasado,
y él supo adelantarse a mi futuro...

Pidió una nave. Altivos soñadores
perdiéronse con él entre las brumas,
y antes que el Nuevo Mundo con sus flores,
y en su senda alfombré con mis espumas.

La linterna de Diógenes temblaba
en la mano del pálido errabundo:
¡entre la oscura inmensidad buscaba,
en lugar de un sólo hombre, todo un
                                    [mundo...!

Y Colón esperó. ¿Quién no soporta
todo por ver lo que jamás se ha visto...?
¡Y al tercer día, ante la plebe absorta
supo resucitar como otro Cristo...!

Marcando suave y temblorosa línea
surgió la tierra en la celeste sala...

¡Vibre, vibre la música apolínea,
y zumbe y zumbe con rumores de ala...!

Lleno de admiración ruda y extraña,
quísela dar al genovés un premio;
y conmovido, me arranqué una entraña
y la arrojé a las plantas del bohemio.

Bruscos corceles que rompéis las trancas,
fantasías sin fin, mentes altivas:
¡para vosotros mis espumas blancas,
para vosotros mis entrañas vivas!

LA TRISTEZA DEL INCA

José Santos Chocano

Este era un inca triste de soñadora frente,
ojos siempre dormidos y sonrisa de hiel,
que recorrió su imperio buscando inútilmente
a una doncella hermosa y enamorada de él.
Por distraer sus penas, el inca dio en guerrero;
puso a su tropa en marcha y el broquel requirió;
fue dejando despojos sobre cada sendero,
y las nieves más altas con su sangre manchó.
Tal sus flechas cruzaron invioladas regiones,
en que apenas los ríos se atrevían a entrar;
y tal fue derramando sus heroicas legiones,

de la selva a los Andes, de los Andes al mar.
Fue gastando las flechas que tenía en su aljaba,
una vez y otra, de región en región,
porque cuando salía victorioso lograba
levantar la cabeza, pero no el corazón.
Y cansado de sólo levantar la cabeza,
celebró bailes magnos y banquetes sin fin;
pero no logró nada disipar su tristeza;
ni la sangre del choque, ni el licor del festín.
Nadie entraba en el fondo de su espíritu oculto
ni las sciris de Quito consagradas al culto,
ni del Cuzco tampoco las vestales del Sol.
Fue llamado el más viejo sacerdote: "Adivina
este mal que me aqueja y el remedio del mal"
dijo al gran sacerdote, con voz trémula y fina,
aquel joven monarca displicente y sensual.
"¡Ay! Señor... dijo el viejo sacerdote... tus penas
remediarse no pueden. Tu pasión es mortal.
La mujer que has ideado tiene añil en las venas,
un trigal en los bucles y en la boca un coral.
¡Ay! Señor cierto día vendrán hombres muy
                                        [blancos
ha de oírse en los bosques el marcial caracol;
cataratas de sangre colmarán los barrancos;
y entrarán otros dioses en el Templo del Sol.
La mujer que has ideado pertenece a tal raza.
Vanamente la buscas en tu innúmera grey;
y servirte no pueden oración ni amenaza,

porque tiene otra sangre, otro dios y otro rey".
Cuando el rito sagrado le mandó optar esposa,
hizo astillas el cetro con vibrante dolor:
y aquel joven monarca se enterró en una fosa,
y pensando en la rubia fue muriendo de amor.
Castellana, tú ignoras todo el mal que me has

                                       [hecho.
Castellana: recuerda que nací en el Perú.
La tristeza del inca va llenando mi pecho:
y quién sabe... quién sabe si la rubia eres tú!

LOS CABALLOS DE LOS CONQUISTADORES

José Santos Chocano

¡Los caballos eran fuertes!
¡Los caballos eran ágiles!
Sus pescuezos eran finos y sus ancas
relucientes y sus cascos musicales...
¡Los caballos eran fuertes!
¡Los caballos eran ágiles!
¡No! No han sido los guerreros solamente,
de corazas y penachos y tizonas y estandartes,
los que hicieron la conquista
de las selvas y los Andes:
Los caballos andaluces, cuyos nervios
tienen chispas de la raza voladora de los árabes,
estamparon sus gloriosas herraduras

en los secos pedregales,
en los húmedos pantanos,
en los ríos resonantes,
en las nieves silenciosas,
en las pampas, en las sierras, en los bosques y en
[los valles.

¡Los caballos eran fuertes!
¡Los caballos eran ágiles!

EL IDILIO DE LOS VOLCANES

José Santos Chocano

El Ixtacíhualt traza la figura yacente
de una mujer dormida bajo el Sol.
El Popocatépetl flamea en los siglos
como una apocalíptica visión;
y estos dos volcanes solemnes
tienen una historia de amor,
digna de ser cantada en las complicaciones
de una extraordinaria canción.

Ixtacíhualt —hace miles de años—
fue la princesa más parecida a una flor,
que en la tribu de los viejos caciques
del más gentil capitán se enamoró.
El padre augustamente abrió los labios

y díjole al capitán seductor
que si tornaba un día con la cabeza
del cacique enemigo clavada en su lanzón,
encontraría preparados, a un tiempo mismo,
el festín de su triunfo y el lecho de su amor.

Y Popocatépetl fuése a la guerra
con esta esperanza en el corazón:
domó las rebeldías de las selvas obstinadas,
el motín de los riscos contra su paso vencedor,
la osadía despeñada de los torrentes,
la acechanza de los pantanos en traición;
y contra cientos de cientos de soldados,
por años gallardamente combatió.

Al fin tornó a la tribu, (y la cabeza
del cacique enemigo sangraba en su lanzón).
Halló el festín del triunfo preparado,
pero no así el lecho de su amor;
en vez del lecho encontró el túmulo
en que su novia, dormida bajo el Sol,
esperaba en su frente el beso póstumo
de la boca que nunca en la vida besó.

Y Popocatépetl quebró en sus rodillas
el haz de flechas; y, en una sola voz,
conjuró las sombras de sus antepasados
contra la crueldad de su impasible Dios.

Era la vida suya, muy suya,
porque contra la muerte ganó:
tenía el triunfo, la riqueza, el poderío,
pero no tenía el amor. . .

Entonces hizo que veinte mil esclavos
alzaran un gran túmulo ante el Sol

amontonó diez cumbres
en una escalinata como alucinación;
tomó en sus brazos a la mujer amada,
y él mismo sobre el túmulo la colocó;
luego, encendió una antorcha, y para siempre,
quedóse en pie alumbrando el sarcófago de su
                                        [dolor.

Duerme en paz, Ixtacíhuatl, nunca los tiempos
borrarán los perfiles de tu casta expresión.
Vela en paz. Popocatépetl: nunca los huracanes
apagarán tu antorcha, eterna como el amor. . .

YO HE VISTO LA TRISTEZA

Ma. Eugenia González O.

Yo he visto la tristeza semioculta en un hueco,
los vestidos raídos y la esperanza al viento,
los labios entreabiertos, los brazos extendidos,
subir unas palabras y acercarse un sombrero.

Yo he visto la tristeza cruzando las calzadas,
los ojos sin cristales, apoyada en un báculo.
Miradas que se visten de lástima y contemplan,
miradas que se cansan y cansadas se alejan...

Yo he visto la tristeza con su cúspide blanca,
con el paso arrastrado, paso de muchos años,
las manos temblorosas, los hombres encorvados,
arrugas en los sueños y la voz arrugada.

Yo he visto la tristeza envuelta con periódicos,
el hambre que lloraba, pequeñito y sin habla;
entreabrirse un corpiño y asomar desnutridos
senos que atormentados se esconden infecundos.

Yo he visto la tristeza umbría y con guitarra
silbando un aire andino, o tarareando un huayno;
aterrarse blanca en el alma de un niño...
y sepultarse blanca en el alma de un niño...

Yo he visto la tristeza en los días nublados,
y la he visto desnuda en las noches sin luna,
sentada en las veredas, adornada de harapos,
y vestida de ausencia en la cara de un hombre.

Yo he visto la tristeza con su luz de candiles
dormida por el suelo cubierto con un poncho;

392

y la he visto en domingo... adiamantada escarcha
disfrazada de lluvia en la fiesta de un rostro.

Yo he visto la tristeza en las faldas de un cerro,
a la orilla de un río, en la choza de paja;
la he visto por la costa, la he visto por la sierra,
la he escuchado en un canto y me ha herido en un
                                                [grito.

Yo he visto la tristeza en los ojos de un niño,
en la risa de un hombre, en la sangre vencida.
Me ha ganado despierta, la he sentido dormida:
me han rodado dos lágrimas... ¡y he continuado
                                                [viva!

ALDEANA

César Vallejo

Lejana vibración de esquilas mustias
en el aire derrama
la fragancia rural de sus angustias.
En el patio silente
sangra su despedida el sol poniente.
¡El ámbar otoñal del panorama
toma un frío matiz de gris doliente!
Al portón de la casa,
que el tiempo con sus garras toma ojoso,

asoma silenciosa,
y al establo cercano luego pasa
la silueta calmosa
de un buey color de oro,
¡que añora con sus bíblicas pupilas,
oyendo la oración de las esquilas,
su edad viril de toro!
Al muro de la huerta,
aleteando la pena de su canto,
salta un gallo gentil, y un triste alerta,
cual dos gotas de llanto,
¡tiemblan sus ojos a la tarde muerta!
Lánguido se derrama
en la vetusta aldea
el dulce yaraví de una guitarra,
en cuya eternidad de hondo quebranto
la triste voz de un indio dondonea
como un viejo esquilón de camposanto.
De codos yo en el muro,
cuando triunfa en el alma el tinte oscuro
y el viento reza en los ramajes yertos
llantos de penas, tímidos, inciertos,
suspiro una congoja
al ver que en la penumbra gualda y roja
¡llora un trágico azul de idilios muertos!

HECES

César Vallejo

Esta tarde llueve como nunca; y no
tengo ganas de vivir, corazón.
Esta tarde es dulce. ¿Por qué no ha de ser?
Viste gracia y pena; viste de mujer.

Esta tarde en Lima llueve. Y yo recuerdo
las cavernas crueles de mi ingratitud;
mi bloque de hielo sobre su amapola,
mas fuerte que su "¡No seas así!"

Mis violentas flores negras y la bárbara
y enorme pedrada; y el trecho glacial.
Y pondrá el silencio de su dignidad
con óleos quemantes el punto final.

Por eso esta tarde, como nunca, voy
con este búho, con este corazón.
Y otros pasan; y viéndome tan triste
toman un poquito de ti
en la abrupta arruga de mi hondo dolor.

Esta tarde llueve, llueve mucho. ¡Y no
tengo ganas de vivir, corazón!

DIOS

Siento a Dios que camina
tan en mí, con la tarde y con el mar.
Con él nos vamos juntos. Anochece.
Con él anochecemos. Orfandad...

Pero yo siento a Dios. Y hasta parece
que El me dicta no sé qué buen color.
Como un hospitalario, es bueno y triste;
mustia un dulce desdén de enamorado;
debe dolerle mucho el corazón.

Oh, Dios mío, recién a Ti me llego,
hoy que amo tanto en esta tarde; hoy
que en la falsa balanza de unos senos,
mido y lloro una frágil Creación.

Y Tú, cuál llorarás..., Tú, enamorado
de tanto enorme seno girador...
Yo te consagro, Dios, porque amas tanto;
porque jamás sonríes; porque siempre
debe dolerte mucho el corazón.

REDOBLE FUNEBRE

César Vallejo

Padre polvo que subes de España,
Dios te salve. libere y corone,
padre polvo que asciendes del alma.

Padre polvo que subes del fuego,
Dios te salve, te calce y dé un trono
padre polvo que estás en los cielos.

Padre polvo, biznieto del humo,
Dios te salve y ascienda a infinito,
padre polvo, biznieto del humo.

Padre polvo, en que acaban los justos,
Dios te salve y devuelva a la tierra,
padre polvo en que acaban los justos. . .

Padre polvo, sandalia del paria,
Dios te salve y jamás te desate,
padre polvo, sandalia del paria.

Padre polvo, que avientan los bárbaros.
Dios te salve y te ciña de dioses,
padre polvo, que escoltan los átomos.

397

Padre polvo, sudario del pueblo,
Dios te salve del mal para siempre,
padre polvo español, ¡padre nuestro!

Padre polvo que vas al futuro,
Dios te salve, te guíe y te de alas,
padre polvo que vas al futuro.

LOS HERALDOS NEGROS

César Vallejo

Hay golpes en la vida tan fuertes... ¡Yo no sé!
Golpes como el odio de Dios, como si ante ellos
la resaca de todo lo sufrido
se empozara en el alma... ¡Yo no sé!

Son pocos, pero son... Abren zanjas oscuras
en el rostro más fiero y en el lomo más fuerte.
Serán tal vez los potros de bárbaros atilas
o los heraldos negros que nos manda la Muerte.

Son las caídas hondas de los Cristos del alma,
de alguna fe adorable que el Destino blasfema.
Esos golpes sangrientos son las crepitaciones
de algún pan que en la puerta del horno se nos
[quema.

Y el hombre... Pobre... Pobre. Vuelve los ojos
[como
cuando por sobre el hombro nos llama una pal-
[mada;
vuelve los ojos locos, y todo lo vivido.
¡Hay golpes en la vida tan fuertes!... ¡Yo no sé!

EL POETA A SU AMADA

César Vallejo

Amada, en esta noche tú te has crucificado
sobre los dos maderos curvados de mi beso;
y tu pena me ha dicho que Jesús ha llorado
y que hay un viernes santo más dulce que ese beso.

En esta noche rara que tanto me has mirado,
la Muerte ha estado alegre y ha cantado en su
[hueso.
En esta noche de septiembre se ha oficiado
la segunda caída y el más humano beso.

Amada, moriremos los dos juntos, muy juntos;
se irá secando a pausas nuestra excelsa amargura
y habrán tocado a sombra nuestros labios difuntos.

Y ya no habrá reproches en tus besos benditos;
no volveré a ofenderte. Y en una sepultura
los dos nos dormiremos, como dos hermanitos.

PLACERES DE LA SOLEDAD

Manuel González Prada

Pláceme, huyendo el mundanal ruido
tender al bosque mi ligero paso
y en la negra espesura errar perdido
al fallecer del sol en el ocaso.

Pláceme agreste monte y escondido,
luna que brilla en el etéreo raso,
volcán de eterna nieve revestido,
fuente sonora y arroyuelo escaso

Que en tu recinto, soledad secreta,
duerme el dolor que al infeliz oprime
y es todo paz y venturanza quieta;

habla el silencio en tu solemne calma,
adormecido el universo gime
y ábrense a Dios el corazón y el alma.

VIVIR Y MORIR

Manuel González Prada

Humo y nada el soplo de ser:
mueren hombre, pájaro y flor,
corre a mar de olvido el amor,
huye a breve tumba el placer.

¿Dónde están las luces de ayer?
Tiene ocaso todo esplendor,
hiel esconde todo licor,
todo expía el mal de nacer.

¿Quién rió sin nunca gemir,
siendo el goce un dulce penar?
¡Loco y vano ardor el sentir!

¡Vano y loco anhelo el pensar!
¿Qué es vivir? Soñar sin dormir.
¿Qué es morir? Dormir sin soñar.

LA NIÑA DE LA LÁMPARA AZUL

José Ma. Eguren

En el pasadizo nebuloso
cual mágico sueño de Estambul,
su perfil presenta destelloso
la niña de la lámpara azul.

Agil y risueña se insinúa
y su llama seductora brilla,
tiembla en su cabello la garúa
de la playa de la maraviila.

Con voz infantil y melodiosa,
con fresco aroma de abedul,
habla de una vida milagrosa
la niña de la lámpara azul.

Con cálidos ojos de dulzura
y besos de amor matutino,
me ofrece la bella criatura
un mágico y celeste camino.

De encantación en un derroche.
hiende, leda, vaporoso tul;
y me guía a través de la noche
la niña de la lámpara azul.

MARGINAL

José Ma. Eguren

En las orillas contemplo
suaves, ligeras,
con sus penachos finos
las cañaveras.

Las totoras caídas,
de ocre pintadas,
el verde musgo adornan
iluminadas.

Campanillas presentan
su dulce poma
que licores destila
de fino aroma.

En parejas discurren
verdes alciones,
que descienden y buscan
los camarones.

Allí, gratos se aduermen
los guarangales,
y por la sombra juegan
los recentales.

Ora ves largas alas,
cabezas brunas
de las garzas que vienen
de las lagunas.

Y las almas campestres,
con grande anhelo,
en la espuma rosada
miran su cielo.

Mientras oyen que cunde
tras los cañares,
la canción fugitiva
de esos lugares.

LA CARTA QUE NO ESCRIBI

Ventura García Calderón

Aparta tus vivaces primaveras
de mi destino solitario y vano.
No me quieras mujer, si no quisieras
sólo querer a un pensativo hermano.

Mi historia es larga, mi ventura breve,
dilapidé mi juventud, mi vida.
Por eso crispo una sonrisa leve
como los que respiran por la herida.

Con amores de tránsito y de viaje
colmé mi apetito de ilusión;
nadie agradecía mi hospedaje,
y una posada fue mi corazón.

¿Amé? Tal vez, cuando apuntaba el beso.
¿Viví? Quizás, cuando cantar solía.
Iba curvado desde el tiempo mozo
la fatiga de mi melancolía.

De amores idos y de mis quimeras
vivo forjando este delirio estulto;
me equivoqué al pensar que tú pudieras
apaciguar el interior tumulto.

No me preguntes por qué ciertos días
soy tan huraño y no me pidas calma;
doctor en letras y en melancolías,
tengo erizada de rencor el alma.

Y sin embargo, las gaviotas solas
nunca vinieron sin hallar amparo;
un faro blanco elevo ante las olas;
cándido soy como guardián de faro.

¡En cuántas noches evité quebrantos!
Ningún navío se arriesgó hasta aquí,
y en la alborada de mis desencantos
dijo tal vez: ¿quién me consuela a mi?

Consolarme de estar en este mundo,
consolarme si lloran los demás,
penas inconsolables y el inmundo
pudridero para siempre jamás.

Me han quitado mi lámpara festiva;
mírame bien las sienes a la luz;
tengo en las manos una llaga viva
y en la frente la sombra de una cruz.

SUPERSTICION GALANTE

Manuel Ugarte

Me juró sobre la cruz
una gitana morena
que haciendo un trazo en

[la arena

se enciende arriba una luz;
y que si en la tierra hay dos
que juntan el alma en una,

por un camino de luna
se llega al trono de Dios.
Mi respuesta debió ser
—fruncid el ceño, marquesa—
esa sonrisa traviesa
que nos enseña Voltaire;
porque, dando a su mantón
todo el embozo que pudo,
la mujer, sin un saludo,
se perdió en el callejón.

Mas si vos fuérais, señora,
la gitana de mi escena,
ya haría sobre la arena
la figura salvadora;
y, obedeciendo a mi anhelo,
me postraría de hinojos
delante de esos dos ojos,
que son camino del cielo. . .
Porque en la atmósfera pura
de esta velada de estío,
dobla su orgullo el impío
vencido por la hermosura;
y os hace la confesión
de que perdió en la querella,
pues se ha encendido una
[estrella
dentro de mi corazón.

LOS JAZMINES

Luis Benjamín Cisneros

Cándida virgen, pudorosa y tierna,
en sus pupilas negras sonreía,
como velada irradiación interna
de inocencia, de amor y de poesía.
La negra cabellera coronaba
su talle esbelto de ideal belleza:
la vez primera que la vi, llevaba
blanco jazmín prendido en la cabeza.
Bañaba siempre un encendido rayo
de nácar rosa su mejilla pura,
rosa ella misma de florido mayo
en todo el esplendor de la hermosura.
Yo, casi niño aún, la amé sincero
con la ilusión de virginal cariño,
con la ternura del amor primero
y el sobresalto y timidez del niño.
El vivo ardor de mi amorosa llama
nunca mi labio revelarle pudo,
que es débil siempre el corazón que ama
y mi propio temor era su escudo.
Con las frases más breves y sencillas
quise hablarle cien veces el lenguaje
de la pasión, besando de rodillas
la cola vaporosa de su traje;

y cien veces callé, porque temía
agregar su desdén a mi tormento,
y al pensarlo, mi ser desfallecía
sin esperanza, ni valor, ni aliento.

Cansado, al fin, de tan cruel tortura,
escribíle un billete perfumado
en que, después de hablar de mi ternura,
le rogaba decirme si era amado.

Y la agregué, con mano temblorosa:
—"Iré a verte a la tarde, y si tuvieres
puesto un jazmín en tu cabeza hermosa
será feliz señal de que me quieres".—

¡Oh, amor! ¡Con qué ansiedad devora-
[dora
vi aproximarse la anhelada tarde!
¡Fue eterno siglo para mí cada hora,
sin vida casi el corazón cobarde!...

¡Pero, oh feliz señal!... Ventura humana,
al llegar de su calle a los confines,
la vi que me esperaba en su ventana
¡la cabeza cuajada de jazmines!

Tiñó su tez cual llama purpurina
que pronta reacción trocó en sonrojos
y del pudor con la expresión divina
al mirarme avanzar, bajó los ojos...

¡Oh, amor!... ¡Oh, dulce aspiración
[sentida
que unes las almas y la vida creas,

primer y último encanto de la vida,
amor, oh santo amor, bendito seas!

ORIGEN DE LAS PULGAS

Ricardo Palma

Reverberaba el sol esa mañana
y Cristo con San Pedro de bracero,
sin miedo a la terrible resolana
iba por el otero,
charlando mano a mano,
tú por tú, sobre el modo más certero
de hacer la dicha del linaje humano.
A la sombra de un árbol corpulento
muellemente tendida,
viendo volar las moscas ciento a ciento,
estaba una mujer, moza lucida,
de labios de coral, cutis de nieve,
de esas que en punto a edad sin miramiento
a que mentir es cosa inoportuna,
plántanse en veintinueve
como el buen jugador de treinta y una.
De mujeres poblado se halla el mundo
que al treinta tienen un horror profundo.
San Pedro se detuvo, y campechano
le dijo: —Dí, mujer, ¿qué haces ociosa?
¿que? ¿no sabes hilar?— Poquita cosa.

Cuando arrecia el verano
prefiero estarme mano sobre mano.
Ruede, ruede la bola,
y siga yo tumbada a la bartola.

El Divino Maestro, de Dios, hijo,
miróla sonriente— De lo malo
y vicioso —le dijo—
madre es la ociosidad. Te haré un regalo
que te ocupe y distraiga humildemente.
La pereza sacude. . . ¡ea! entretente.
Ráscate si te pica do te pique.
Sigamos, Pedro, y basta de palique.

Y Dios creó las pulgas ese día,
microscópicos seres,
en cuya cacería
han sido y son tan diestras las mujeres.

LA POESIA

Ricardo Palma

—¿Es arte del dominio o brujería
esto de escribir versos? —le decía,
no sé si a Campoamor o a Víctor Hugo,
un mozo de chirumen muy sin jugo.
—Enséñeme, maestro, a hacer siquiera
una oda chapucera.
—Es preciso no estar en sus cabales

para que un hombre aspire a ser poeta,
pero, en fin, es sencilla la receta:
   —Forme usted líneas de medida iguales,
luego en fila las junta
poniendo consonantes en la punta. . .
—¿Y en el medio? —¿En el medio? ¡Ese es el
                                        [cuento!

   ¡Hay que poner talento!

PANAMA

Ricardo Miro
Demetrio Korsi
Rafael García Escobar
Demetrio Fábrega

PATRIA

Ricardo Miró

¡Oh, Patria, tan pequeña, tendida sobre un
[Istmo,
donde es más claro el cielo y más vibrante el Sol!
En mí resuena toda tu música, lo mismo
que el mar en la pequeña selva del caracol.

Revuelvo la mirada, y a veces siento espanto
cuando no veo el camino que a tí me ha de
[tornar...
¡Quizás nunca supiera que te quería tanto,
si el Hado no dispone que atravesara el mar...!

¡La Patria es el recuerdo...! Pedazo de la vida,
envueltos en jirones de amor y de dolor,
la palma rumorosa, la música sabida,
el huerto ya sin flores, sin hojas, sin verdor.

La Patria son los viejos senderos retorcidos
que el pie, desde la infancia, sin tregua recorrió;
en donde son los árboles, antiguos conocidos
que al paso nos conversan de un tiempo que pasó.

En vez de estas soberbias torres con áurea flecha,
en donde un sol cansado se viene a desmayar,
dejadme el viejo tronco donde escribí una fecha,
donde he robado un beso, donde aprendí a soñar.

¡Oh, mis vetustas torres, queridas y lejanas,
yo siento las nostalgias de vuestro repicar!
He visto muchas torres, oí muchas campanas,

pero ninguna supo, ¡torres mías lejanas!
cantar como vosotras, cantar y sollozar.

¡La Patria es el recuerdo. . .! Pedazos de la vida,
envueltos en jirones de amor y de dolor;
la palma rumorosa, la música sabida,
el huerto ya sin flores, sin hojas, sin verdor.

¡Oh, Patria tan pequeña, que cabes toda entera
debajo de la sombra de nuestro pabellón!
¡Quizás fusite tan chica para que yo pudiera
llevarte toda entera dentro del corazón!

CANCION DE LA CAMPANA
DE LA CARCEL

Demetrio Korsi

Obscura cárcel que me asombras,
siniestra cárcel sepulcral:
Qué nuevo preso es el que nombras
con tu campana funeral,
con tu campana que en las sombras
ni implora el bien, ni evita el mal?
Prisión que te alzas angustiosa
como un fantasma aterrador,
de tu leyenda misteriosa
brota un repique gemidor,
como la enferma voz llorosa
del que está hundido en el dolor. . .

Cuando se anuncia la mañana,
cuando la noche cerca está,
en la atalaya más lejana
la gris campana tocará;
y, cronométrica y cristiana,
su falta al preso medirá,
y, hora por hora, esa campana
los largos años contará...!

Fatal campana, tú que pueblas
de miedo el suave atardecer,
de la prisión entre las nieblas
haces el alma enmudecer,
¡campana gris que en las tinieblas
jamás le cantas al placer...!

La hermosa lumbre de la aurora
pareces, tímida, anunciar;
y fantasmal y embrujadora,
tan sólo sabes repicar
para la angustia del que implora,
para el que siempre ha de llorar!

En las prisiones se envenena
toda esplendente venturanza,
pues casi nunca en ellas suena
una nostálgica romanza...
¡Pero la cárcel casi es buena
con la canción de la esperanza!

¡La juventud allí su tropa
de sueños de oro estranguló,

y hasta está húmeda la ropa
del llanto cruel que la empapó,
y el prisionero en negra copa
de infamia y vicio se embriagó!

Y la campana, nota a nota,
lanza su acento entristecido,
y en la pared de cal rebota
en son pausado y dolorido,
y en la siniestra cárcel flota
el calosfrío del olvido...

¡Cuántos, sin culpa, gemirán
por ser humildes, en prisión,
en tanto allí nunca entrarán
los criminales de blasón,
los que en un beso robarán
la paz de un tierno corazón...!

Y la campana, en su lamento,
hace gemir y padecer,
sin que mezclándose a su acento
suene una risa de mujer.
¡Campana gris del sufrimiento,
que no sabe lo que es placer!

¡Y a sus repiques llorarán
los delincuentes sin perdón
los que más nunca cantarán,
los que mataron por pasión,
los que están presos por un pan
o por un beso de ilusión!

¿DONDE ESTAS?

Rafael García Escobar

¿Dónde estás, amada mía?
¿dónde estás, prenda adorada?
¿dónde estás?
¡Has dejado en agonía
a mi alma enamorada!...
¿Dónde estás, prenda adorada?
¿dónde estás?...
¿Dónde estás, que ya no escucho
de tus labios el murmullo?...
Hace días, hace mucho,
mucho tiempo que no escucho
de tus labios el arrullo...
¿Dónde estás, prenda adorada?
¿dónde estás?
¡Ya no tardes, alma mía,
tú eres noche y eres día,
eres toda mi alegría,
eres todo mi placer!...
Ven, que quiero, satisfecho,
estrecharte contra el pecho
con delirio,
con locura,
con empeño
y con afán...

Ya no tardes, alma mía,
eres toda mi alegría,
eres todo mi placer!
¡Sé que alegre te alejaste
por gozar de otros amores,
de otro ambiente,
de otras flores,
de otras rimas, sin colores,
que profanos trovadores
hoy deshojan a tus pies!
Tengo celos de la brisa,
de la brisa mensajera,
porque pasa, aunque ligera,
murmurando a tus oídos
su humorística canción...
¡Tengo celos de las flores,
de las aguas cristalinas,
cuando ciñen tu cintura,
tu cintura encantadora
y virginal,
porque creo que de amores
te han de hablar!...
Ya no vayas a la fuente,
ya no vayas al jardín,
tengo celos del torrente,
tengo celos del jazmín...
¡Tengo celos de mí mismo,
de mi sombra, de mi anhelo,

del crepúsculo, del cielo,
y de todo lo que existe,
y de todo lo que miras,
y de todo lo que tocas,
y por todo lo que sueñas,
y deliras,
y por todo lo que adoras y suspiras!...
¡Ven, que quiero en mi despecho
estrecharte contra el pecho,
con delirio,
con locura,
con empeño
y con afán!...
¡Ya no tardes, alma mía,
eres toda mi alegría,
eres noche y eres día
y eres todo mi placer!...
¡Ven, que quiero, satisfecho,
estrecharte contra el pecho,
con delirio,
con locura,
con empeño
y con afán!...

LLANTO MUDO

Demetrio Fábrega

En la altiva y vetusta Catedral de Toledo,
en la puerta que se abre sobre el muro de Oriente,
he visto una cariátide, que al decir de la gente,
de un hereje famoso era el vivo remedo.

Cuando la lluvia cae por entre el fino enredo
de los frisos que adornan esa mole impotente
una gota resbala sobre la faz doliente,
y al llegar a los ojos se detiene con miedo.

El sol, cuando amanece entre pompa gloriosa
en la pupila muerta, como lágrima viva,
hace brillar la gota que rodó silenciosa.

Y es así como siglos, sepultada entre yedra,
la cariátide aquella que del mundo se esquiva
viene llorando a solas con sus ojos de piedra.

GUATEMALA

Rafael Arévalo Martínez
Alaíde Foppa
Carmen P. de Silva

SANCHO PANZA CONTEMPORANEO

Rafael Arévalo Martínez

Hoy Sancho Panza se disfraza con disfraces
[diversos:
Sancho Panza hace crítica. Sancho Panza hace
[versos,
su apostura es de dómine; su locución dogmática;
de dos muletas cuelga su gran panza pletórica;
las infantilidades tiene de la Gramática,
y las adolescencias ama de la Retórica.

Si ropas modernistas visten al ideal,
en él hinca su incisiva gramatical.

Hace el soneto clásico, acude al estrambote,
y ríe socarronamente de Don Quijote.
Y es lo curioso y triste que el Quijote demente
en las tierras ignotas abre un nuevo sendero;
y cuando está trillado, por él holgadamente,
pasa la campanuda facha de su escudero.

Ha dejado su rucio; viste ropajes finos
y grita con voz recia por ventas y caminos:
—Gloriad conmigo a todos los que la lengua in-
[noven—.
yo abrí senderos nuevos para la gente joven.
Nunca precisar pude por qué extraños acuerdos
a la zaga de un loco marchan siempre cien cuerdos.

Sancho, buen Sancho, admiro tu rústica cordura

y no puedo negarte que tiene, en grande, un
sentido de la vida que burla a la locura
y es que es de cien mil Sanchos el sentido común.

Toda, entera ella toda, tu socarronería
ríe las aventuras de la caballería;
mas cuando la paz viene, después de las batallas,
escuchas los denuestos de tu Señor y callas.

Para los hombres —bolas siempre la vida es
[bella.
¡Oh, redondo escudero de alma holgada y rostro
[ancho!
¿Sin Don Quijote el bueno, qué sería de Sancho?
Tú amo yerra cien veces; pero una vez acierta;
y vale esta vez sola más que tu vida muerta.
Abriendo a las conciencias hermético sendero,
así forma la historia la pareja divina;
delante, el Señor, flaco remolca a su escudero;
y atrás el criado gordo, ríe, pero camina.

DIALOGO CON EL HIJO MAYOR

Alaíde Foppa

Hijo,
criatura ignorada,
creces día a día
bajo mis ojos
y no sé casi nada
de ti.

Te hablo,
pero ¿te alcanza
mi palabra?
Como flecha ardiente
busca tu costado,
y tú la esquivas.
Algo te aleja
de mi lado,
algo me ocultas siempre:
sombra
de un mal amenazante
o cándido secreto
de infancia.

Quien sabe.
Hijo,
ya no me das la mano
y tu beso
es apenas el roce
de un ala que huye.
A veces
luchamos duramente:
te enciendes de rebeldía,
te duele
que yo sea todavía
un poco más fuerte
que tú,
y a mí me duele

vencerte.
A cada hora
tu inocente egoísmo
me lastima.
Quisiera ayudarte
a deshacer el nudo
que llevas dentro,
a encontrar el hilo
de tu destino de hombre...
Y no me dejas,
hijo desconocido.

Mas seguiré esperando:
también llevas,
sin saberlo,
la semilla escondida
de mi amor,
y algún día,
con la confianza
de la perdida infancia,
volverás a buscar mi mano,
aunque sea
para decirme adiós.

EL CENZONTLE

Carmen P. de Silva

Mi inocente prisionero,
ave de las plumas pardas,
mi primoroso cenzontle,
que tan impaciente saltas
y con el piquito intentas
romper tu dorada jaula,
¿por qué tu misión olvidas?
Responde, ¿por qué no cantas?

Por oír tus melodías
te aprisioné, aunque apenada;
¿y callas, ave querida,
burlando así mi esperanza?

Tu inquietud bien la comprendo...
es que libertad te falta;
pero ¿ignoras que las quejas
alivian el mal del alma?

Libertad quieres, no hay duda,
la esclavitud es amarga:
tienes razón, yo bendigo
tus aspiraciones santas.

Corre, pues... al campo vuela,
besa las flores galanas,
fabrica tu blando nido
en las cimbradoras ramas!

Vuela, salta de contento,
liba la fuente plateada
que sobre blancas arenas
siempre juguetona salta!

¡Quién te verá en la pradera
volando de rama en rama,
lanzando tu amante queja
allá entre las flores blancas,

y cantando tus amores
con voz triste, apasionada!
cruzando la selva umbrosa
en la plácida mañana,

pasando tu vida alegre
cual otras aves la pasan.
¡Sal, pues... ¿Rehusas también
pertinaz, la vida grata

que te ofrezco? ¡Qué misterio!
Queda, pues, en tu áurea jaula,
quédate en ella, lo quieres,
de importunas quejas basta.

¡Si adivinar yo pudiera
de tu silencio la causa,
satisfecha quedaría
si al fin tus penas calmaban!

Si algún secreto pesar
enmudeció tu garganta,
no creas que yo indiscreta
tu secreto publicara.

¿Quizás la perfidia lloras
de tu consorte inhumana
que libre en el campo vive
con tu rival que la halaga?
   ¡Desgraciado! Si esa ha sido
la causa porque no cantas
es dolor que nadie cura;
no hay remedio, calla, calla.

FILIPINAS

José Rizal

El gran patriota filipino, José Rizal, escribió
esta poesía unos días antes de ser fusilado.

ULTIMO ADIOS

Por Dr. José Rizal

Adiós, Patria adorada, región del sol querida,
Perla del Mar de Oriente, nuestro perdido Edén,
A darte voy, alegre, la triste, mustia vida;
Y fuera más brillante, más fresca, más florida,
También por ti la diera, la diera por tu bien.

En campos de batalla, luchando con delirio,
Otros te dan sus vidas, sin dudas, sin pesar.
El sitio nada importa: ciprés, laurel o lirio,
Cadalso o campo abierto, combate o cruel mar-
                                        [tirio,
Lo mismo es si lo piden la Patria y el hogar.

Yo muero, cuando veo que el cielo se colora
Y al fin anuncia el día, tras lóbrego capuz;
Si grana necesitas, para teñir tu aurora,
¡Vierte la sangre mía, derrámala en buena hora,
Y dórela un reflejo de su naciente luz!

Mis sueños, cuando apenas muchacho adoles-
                                        [cente,
Mis sueños cuando joven, ya lleno de vigor,
Fueron el verte un día, joya del mar de Oriente,
Secos los negros ojos, alta la tersa frente,
Sin ceño, sin arrugas, sin manchas de rubor.

435

Ensueño de mi vida, mi ardiente vivo anhelo,
¡Salud! te grita el alma, que pronto va a partir;
¡Salud! ¡ah, que es hermoso caer por darte vuelo,
Morir por darte vida, morir bajo tu cielo,
Y en tu encantada tierra la eternidad dormir!

Si sobre mi sepulcro vieres brotar, un día,
Entre la espesa yerba sencilla humilde flor,
Acércala a tus labios y besa el alma mía,
Y sienta yo en mi frente, bajo la tumba fría,
De tu ternura el soplo, de tu hálito el calor.

Deja a la luna verme, con luz tranquila y suave;
Deja que el alba envíe su resplandor fugaz;
Deja, gemir al viento, con su murmullo grave;
Y si desciende y posa sobre mi cruz un ave,
Deja que el ave entone su cántico de paz.

Deja que el sol, ardiendo, las lluvias evapore
Y al cielo tornen puras, con mi clamor en pos;
Deja que un ser amigo mi fin temprano llore;
Y en las serenas tardes, cuando por mi alguien ore,
Ora también, oh Patria, por mi descanso a Dios.

Ora por todos cuantos murieron sin ventura;
Por cuantos padecieron tormentos sin igual;
Por nuestras pobres madres, que gimen su amar-
[gura;

Por huérfanos y viudas, por presos en tortura,
Y ora por ti, que veas tu redención final.

Y cuando, en noche oscura, se envuelva el
                                    [cementerio,
Y solos sólo muertos quedan velando allí,
No turbes su reposo, no turbes el misterio:
Tal vez acordes oigas de cítara o salterio;
Soy yo, querida Patria, yo que te canto a ti.

Y cuando ya mi tumba, de todos olvidada,
No tenga cruz ni piedra que marquen su lugar,
Deja que la are el hombre, la esparza con la
                                    [azada,
Y mis cenizas, antes que vuelvan a la nada,
El polvo de tu alfombra que vayan a formar.

Entonces nada importa me pongas en olvido;
Tu atmósfera, tu espacio, tus valles cruzaré;
Vibrante y limpia nota seré para tu oído:
Aroma, luz, colores, rumor, canto, gemido,
Constante repitiendo la esencia de mi fe.

Mi Patria idolatrada, dolor de mis dolores,
Querida Filipinas, oye el postrer adiós.
Ahí, te dejo todo: mis padres, mis amores.
Voy donde no hay esclavos, verdugos ni opresores;
Donde la fe no mata, donde el que reina es Dios.

Adiós, padres y hermanos, trozos del alma mía,
Amigos de la infancia, en el perdido hogar;
Dad gracias, que descanso del fatigoso día;
Adiós, dulce extranjera, mi amiga, mi alegría;
Adiós, queridos seres. Morir es descansar.

ECUADOR

Medardo Angel Silva
Julio Zaldumbide
Numa Pompilio Llona
Jorge Carrera Andrade

INTER UMBRA

Medardo Angel Silva

¡Cómo estás en tu negro calabozo de arcilla
en vigilia perenne sepulta, ¡oh alma mía!,
en el fango del mundo hincada la rodilla
tú que eres toda luz y gracia y armonía!
¡Gota azul de la sangre divina de los astros
que el Destino vertió en una ánfora pobre!
¡Arquitectura eximia de oros y alabastros
hundida para siempre bajo la mar salobre!...
En el confín, rosada, ya se anuncia la hora
Gabriel mueve sus alas en el campo celeste...
¡Vuelve desde tu noche a la límpida aurora
y que sepan los astros el color de tu veste!...

AL SUEÑO

Julio Zaldumbide

En otro tiempo huías
de mis llorosos ojos, sueño blando,
y tus alas sombrías
lejos de mí batías,
el vuelo en otros lechos reposando.

A aquel lecho volabas
en que guardan la paz las mudas horas

y el mío abandonabas,
porque en él encontrabas
en vigilia a las penas veladoras.

Donde quiera que miras
lecho revuelto en ansias de beleño
en torno del no giras,
antes bien te retiras
pues de las penas te amedranta el ceño.

Y así huyes la morada
soberbia de los reyes opresores,
y envuelto en la callada
sombra, con planta alada
a la chozuela vas de los pastores.

Del infeliz te alejas;
con su dolor en lucha tormentosa
solitario le dejas;
no atiendes a las quejas,
y sólo atiendes a la voz dichosa.

Enemigo implacable
del cruel dolor y criminal conciencia,
de voz inexorable,
y compañero amable
y amigo de la paz y la inocencia...

Si en otro tiempo huías
de mis cansados ojos, sueño blando,
   y las alas sombrías
   lejos de mí batías,
el vuelo en otros lechos reposando,

   ahora al mío te llegas
solícito, sin fuerza y sin ruido;
   ya a mis ojos no niegas
   tu beleño, y entregas
mis sentidos a un breve y dulce olvido.

   Las que no se apartaban
penas insomnes de mi lado, ¡oh, sueño!;
   las que siempre velaban,
   esas que te ahuyentaban
en su torvo, severo y triste ceño,

   volaron ya: despierta
miras en su lugar la paz ansiada:
   libre quedó mi puerta,
   y ya no ves cubierta
de espinas dolorosas mi almohada.

   Mi conciencia no grita
para ahuyentar tu asustadizo vuelo,
   ni la ambición me irrita,
   ni mi pecho palpita
en pos de alguna vanidad del suelo.

Desde este mi sereno
retiro escucho el rebullir del mundo,
   a su tumulto ajeno,
   como si oyese el trueno
que retumba en remoto mar profundo.
   Y digo: ya agitaron
las ondas de esa mar, mi barco incierto:
   los vientos le asaltaron,
   sus velas se rasgaron,
mas llegó salvo a este abrigado puerto.

AMOR

Numa Pompilio Llona

Vuela, de ardientes ansias consumida,
a impulsos del amor que la devora,
en torno de la luz fascinadora
la mariposa que su riesgo olvida;
   sus fulgores contempla embebecida
y en ellos baña el ala tembladora;
y entre las llamas, cuyo brillo adora,
halla mísero fin su frágil vida.
   Así, en su derredor, yo todo el día
girando voy, de su beldad sediento;
y si las luces de sus ojos miro,
   ansiosa se estremece el alma mía,
y deslumbrado, y loco y sin aliento,
me ardo en sus ojos... ¡y de amor, expiro!

EL HOMBRE DEL ECUADOR BAJO
LA TORRE EIFFEL

Jorge Carrera Andrade

Te vuelves vegetal a la orilla del tiempo.
Con tu copa de cielo redondo
y abierta por los túneles del tráfico,
eres la ceiba máxima del Globo.

Suben los ojos pintores
por tu escalera de tijera hasta el azul.

Alargas sobre una tropa de tejados
tu cuello de llama del Perú.
Arropada en los pliegues de los vientos,
con tu peineta de constelaciones,
te asomas al circo
de los horizontes.
Mástil de una aventura sobre el tiempo.
Orgullo de quinientos treinta codos.

Pértiga de la tienda que han alzado los hom-
                                    [bres
en una esquina de la historia.
Con sus luces gaseosas.
copia la vía láctea tu dibujo en la noche.

445

Primera letra de un abecedario cósmico,
apuntada en la dirección del cielo;
esperanza parada en zancos;
glorifcación del esqueleto.

Hierro para marcar el rebaño de nubes
o mudo centinela de la edad industrial.
La marea del cielo
mina en silencio tu pilar.

VERSION DE LA TIERRA

Jorge Carrera Andrade

Bienvenido, nuevo día:
Los colores, las formas
vuelven al taller de la retina.

He aquí el vasto mundo
con su envoltura de maravilla:
La virilidad del árbol.
La condescendencia de la brisa.

El mecanismo de la rosa.
La arquitectura de la espiga.

Su vello verde la tierra
sin cesar cría.

La savia, invisible constructora,
en andamios de aire edifica
y sube los peldaños de la luz
en volúmenes verdes convertida.

El río agrimensor hace
el inventario de la campiña.
Sus lomos oscuros lava en el cielo
la orografía.
He aquí el mundo de pilares vegetales
y de rutas líquidas,
de mecanismos y arquitecturas
que un soplo misterioso anima.
Luego, las formas y los colores amaestrados,
el aire y la luz viva
sumados en la obra del hombre,
vertical en el día.

HONDURAS

Juan Ramón Molina
Salvador Turcios

LA CALAVERA DEL LOCO

Juan Ramón Molina

Le cortaron la cabeza a un desventurado loco
que con aire de sonámbulo recitaba sus monólogos,
y arrojándola al jardín, donde a la hora del bo-
[chorno
él hablaba con las rosas y con los claveles rojos,
que de un mal desconocido se murió en el mani-
[comio,
transformóse aquella masa de células y de fósforo.
Cayéronse los cabellos con los músculos del
[rostro
y se comieron las aves a picotazos los ojos,
coció el sol dentro del cráneo como si fuera en un
[horno
la cabeza, y en gusanos fatídicos y horrorosos
surgieron, alborotadas, mil mariposas de oro.
Después cuando el jardinero del jardín del
[manicomio
sacudió la calavera entre sus dedos callosos,
brillaron chispas extrañas en las cuencas de los
[ojos
y chocaron como riéndose las mandíbulas del
[loco.

EL RIO

Juan Ramón Molina

Corre con tarda mansedumbre el río
copando en sus cristales la arboleda,
y un monótono diálogo remeda
con el viento su grave murmurío.
Bajo el candente cielo del estío
no se apresura ni estancado queda,
sino que —lento y rumoroso— rueda
a perderse en el piélago bravío.
Tal se apresura la corriente humana
con su rumor efímero de gloria
reproduciendo una cultura vana;
Y —sin que mude el curso de su suerte—
corre en el viejo cauce de la historia
hacia el mar misterioso de la muerte.

BOLIVAR

Salvador Turcios

Fue un paladín de la leyenda homérica
que alzando al cielo su potente brazo,
juró ante Dios la libertad de América
desde el níveo crestón del Chimborazo.

Como rudas cuadrigas de centauros
iban tras él las jóvenes legiones,
para ceñirse los heroicos lauros
bajo el triunfo de bélicos pendones.

   ¡Y aquel genio inmortal entre los grandes,
que tiene un pedestal sobre los Andes
y los rojos laureles de la Historia,

   murió en el duelo del dolor profundo,
después de ser el semidiós de un mundo
que iluminan los soles de su gloria!

COSTA RICA

Roberto Brenes Mesén
Venancio Calderón
Ligia Bolaños

INQUIETUD

Roberto Brenes Mesén

Siento las ansias comprimidas dentro
como la rama a florecer ya pronta;
siento bullir los pensamientos de oro
como los cantos de una ardiente alondra.

Hay un rumor de porvenir en mi alma,
como en el trigo un murmurar de espigas,
como hay en las bellotas enterradas
el futuro frescor de las encinas.

Hay en mi ser una inquietud de pronto,
como una incubación de tempestades;
hay un ir y venir de pensamientos
como en el mar hay un hervir de naves.

EN LA TUMBA DE MI MADRE

Venancio Calderón

Es aquí donde reposa
de mi madre el cuerpo frío;
y es aquí do el llanto mío
debe la tierra empapar.
Porque la tumba que guarda
nuestra reliquia más santa,
es la mansión sacrosanta

donde debemos llorar.

. . . .

Que es la lágrima del cielo
don precioso para el hombre,
bálsamo rico, y sin nombre
que la alcance a reseñar,
ella sola, si sufrimos
sobre el alma fiera pena,
lava el dolor que envenena,
cura el intenso pesar.

Es la esencia que embalsama
del corazón la honda herida,
cuando se postra afligida
del espíritu la fe;
cuando la luz importuna
y las sombras preferimos
porque en las sombras sentimos
algo del ser que se fue.
Cuando sin fe ni esperanza
lloramos el bien perdido;
cuando es la vida un gemido,
un eterno sinsabor;
cuando la risa que asoma
a nuestro labio marchito,
es el lamento infinito,
de un infinito dolor.

COMO UNA HOJA

Ligia Bolaños

Desde el umbral de un verso
que no es verso,
pues no tiene cadencia
ni medida,
he dejado volar mi fantasía
y me he puesto a escribir
lo que yo siento.

Soy, como una hoja suelta,
transitando lo incierto:
voy y vengo a capricho
de ajenos sentimientos.

Pienso quedarme quieta
al borde del camino,
pero en llegando el viento
vuelvo a subir, ilusa,

Vuelve a crecer mi anhelo,
y me encuentro danzando
extraña zarabanda
al compás de mis sueños.

Yo no puedo aquietarme
mientras tenga en el cuerpo
esta alma adolescente
que acechan los recuerdos. . .

Yo no puedo aquietarme
mientras vibre en mi pecho
un corazón ingenuo,
pese a lo que ha sufrido.

Yo no puedo aquietarme
mientras la brisa fresca, los trinos
de las aves, el susurrar del viento
hagan temblar mi carne. . .

Para poder quedarme
quieta en esta ribera
tendría que no ser yo,
tendría que haberme muerto.

EL SALVADOR

Rafael Cabrera
Francisco Gavidia
Claudia Lars

AZRAEL

Rafael Cabrera

Azrael, ángel negro y taciturno
de ojos letales; Dios de las tinieblas
sin término, y del sueño que no acaba
jamás, y del olvido irreparable;
Azrael de alas fúnebres que vives
del exterminio y del salobre jugo
de las lágrimas; Padre del silencio;
Rey de las soledades misteriosas
del más allá; Señor del desamparo;
Azrael, ángel negro, yo te invoco
desde lo más profundo de mi espíritu,
en la paz engañosa de la noche
toda llena de angustias imprecisas
y de vagos terrores; yo te invoco,
ángel negro, que llevas en la frente
una cárdena estrella, y en los labios
un implacable gesto; yo te invoco:
¡Arropa en la tiniebla de tus alas
a la elegida de mi amor! ¡Estrújala
contra tu seno estéril! ¡Que no viva
más que sus sueños cándidos... estrújala,
sé misericordioso, que no viva
más que sus sueños!... ¡Que al partir se
                                    [lleve

con su visión ingenua de este mundo,
impoluto su amor, su fe serena,
y joven y robusta su esperanza!...
¡Sé clemente, Azrael! Posa tus labios
exangües en sus labios que murmuran
sólo mansas palabras que parecen
revuelo de palomas... ¡Que no viva!...
Para siempre jamás cierra sus ojos,
tristes como los cielos otoñales
cuando llega la noche... ¡Que no viva!...
¡Estrújala en tus brazos, ángel negro,
antes que pruebe el zumo emponzoñado
del dolor!... ¡Que no viva... que no viva!
¡Oh, Dios del sueño que no acaba nunca!
¡Oh, Padre del silencio y del olvido!...

LAS PALABRAS DE ORO
DE LA REINA

Francisco Gavidia

Brillaba en Salamanca un estudiante
—por su capa, su espada y su diamante;
pero mayor aún era su brillo,
por su saber profundo—,
que llevaba por gala un esclavillo
indio del Nuevo Mundo.
Se achacaba a Colón tanto desdoro,

como era que el colono indomeñable
enviase a rescatar, a falta de oro,
el indio ya vencido y miserable.

Ofendióse la Reina, y, con vehemencia:
—¿Quién —dijo— dio licencia
de que sea mi gente repartida?
Que sea cada uno reembarcado,
libre, y por quien pagara su venida:
que sea en pregón público mandado;
que sea bajo pena de la vida."

¡Tal gesto salva un mundo y lo redime!
Sus palabras, candentes como brasas,
fueron después, ¡encarnación sublime!
Un apóstol... ¡Las Casas!

ROMANCE DEL ROMANCERO GITANO

Claudia Lars

Fue en su Granada de Siglos,
erguida en múltiples torres,
y cantada en voces altas
de cristales y de bronces.
Fue en el campo silencioso
que se abraza con el monte,
y entra en la ciudad morisca
con un delantal de flores.

465

Fue cuando el día naciente
suelta rojos pabellones,
y los últimos luceros
fingen lejanos faroles.
En hora larga de angustia,
oyendo los ecos dobles
que trenzaban en el viento
gemidos de corazones.
Entre saña de fusiles,
mirando hacia el horizonte,
iba, valiente y sereno,
sin doblar el cuerpo joven.
Vencedor siendo vencido.
Modernísimo San Jorge.
Arcángel de alas veloces
que en el azul presintiera
camino de resplandores.
Una descarga cerrada
arrojó, de un solo golpe,
lluvia de plomo en la entraña
donde la vida se esconde.
Y la muerte, compañera,
en su regazo le acoge,
y venda la herida obscura
con vendas que no se rompen.
Quiso el vergel ofrecerle
suave almohadilla de olores,
pero revuelo de balas

quebraba tallos temblones,
y no había clavelinas,
ni nardos, ni girasoles.

Labios gitanos gritaban
lamento de unidas voces,
y escribían en el suelo,
con sangre tibia, su nombre.

Preciosa rompió en el aire
su pandero de colores,
y su sollozo de niña
no lograba ser conforme.

Llegó Soledad Montoya
por senderos que conoce,
trayendo su Pena Negra
y un recado de los pobres.

La Casada Infiel espiaba,
desde remotos balcones,
con la espantada pupila
llena de vivos rencores.

Y una golondrina errante
lloró lágrimas salobre,
y contó la historia horrible
por el Sur y por el Norte.

Duerme el poeta en el sueño
que vuelve a los hombres dioses.
Sobre su carne gitana
ya revientan frescos brotes.

Quedan su gracia y su fuerza,
en estas horas de noche,
germinando en la oscurana
como semilla de soles.

BOLIVIA

Salvador Valverde
Ricardo Jaimes Freire

MAYO

Salvador Valverde

Mayo vino a cantar nuevas canciones;
en los huertos abrió nuevos claveles,
y dio a las almas nuevas ilusiones,
y puso en los labios mozos nuevas mieles.
Mayo vino a ofrecernos nuevos dones:
dio color a los pálidos pinceles,
música a los callados cascabeles
y fuego a los helados corazones.
Mayo vino a llenar de luz el cielo,
la tierra estéril de abundante trigo,
el alma triste de optimismo sano.
Derramó la ventura sobre el duelo
y trocó el corazón del enemigo
en fervoroso corazón de hermano.

SIEMPRE

Ricardo Jaimes Freire

Peregrina paloma imaginaria
que enardeces los últimos amores;
alma de luz, de música y de flores,
peregrina paloma imaginaria.

471

Vuela sobre la roca solitaria
que baña el mar glacial de los dolores;
haya, a tu paso, un haz de resplandores
sobre la adusta roca solitaria...

Vuela sobre la roca solitaria,
peregrina paloma, ala de nieve
como divina hostia, ala tan leve

como un copo de nieve; ala divina,
copo de nieve, lirio, hostia, neblina,
peregrina paloma imaginaria...

TU NO SABES CUANTO SUFRO

Ricardo Jaimes Freire

¡Tú no sabes cuánto sufro! ¡Tú, que has puesto
[mas tinieblas
en mi noche, y amargura más profunda en mi
[dolor!
Tú has dejado, como el hierro que se deja en una
[herida,
en mi oído la caricia dolorosa de tu voz.

Palpitante como un beso; voluptuosa como un
[beso;

voz que halaga y que se queja; voz de ensueño y
[de dolor...
Como sigue el ritmo oculto de los astros del
[Océano,
mi ser todo sigue el ritmo misterioso de tu voz.

¡Oh, me llamas y me hieres! Voy a ti como un
[sonámbulo,
con los brazos extendidos en la sombra y el dolor...
Tú no sabes cuánto sufro; cómo aumenta mi
[martirio,
temblorosa y desolada, la caricia de tu voz.

¡Oh, el olvido! ¡El fondo oscuro de la noche del
[olvido,
donde guardan los cipreses el sepulcro del Dolor!
Yo he buscado el fondo oscuro de la noche del
[olvido,
y la noche se poblaba, con los ecos de tu voz...

PARAGUAY

Eduardo Larmig

Hérib Campos Cervera

EL POETA CIEGO

Eduardo Larmig

El tibio resplandor de la alborada
se extiende por los términos del cielo,
y traspasa la lóbrega y pesada
niebla que entolda de Bretaña el suelo.

En el brazo de Débora apoyado
un ciego de canosa cabellera,
con insegura planta de un collado
desciende de la mar a la ribera.

Es el cantor de la celeste guerra
del bien perdido, del castigo eterno,
de la primera culpa de la tierra,
de la primer conquista del Averno.

De Débora los dulces, claros ojos,
son el azul del cielo refulgente,
guardan sus esmaltados labios rojos
perlas abrillantadas del Oriente.

Es cual la flor de la mañana pura,
como ensueño de amor es hechicera;
le dio el sauce su lánguida tristura,
le dio su gentileza la palmera.

Tiene del cisne erguido el alto cuello,
levantado es su pecho, su piel breve;
desciende con rizos de oro su cabello
desde la sien de inmaculada nieve.

Atesora su cándida hermosura
más que terrenas, celestiales galas,
es un ángel venido de la altura,
que tan sólo al bajar perdió las alas.

Besa las faldas del agreste monte
que Débora y su padre están bajando
el espumoso mar; en su horizonte
las velas de un bajel se van alzando.

No empavesan la nave misteriosa
ni flámula, ni insignia, ni bandera,
y el gobernalle sigue a la arenosa
playa do Milton con afán espera.

El seno maternal de la Bretaña
se apercibe a dejar, que en los combates
vencido, va a pedir a tierra extraña
asilo do librar lira y penares...

UN HOMBRE FRENTE AL MAR

Hérib Campos Cervera

Es como yo: lo siento con mi angustia y mi sangre.
Hermoso de tristeza, va al encuentro del mar,
para que el Sol y el Viento le oreen de agonía.
Paz en la frente quieta; el corazón, en ruinas;
quiere vivir aún para morir más tiempo.

Es como yo: lo veo con mis ojos perdidos;
también busca el amparo de la noche marina;

478

también lleva la rota parábola de un vuelo
sobre su anciano corazón.

Va, como yo, vestido de soledad nocturna.
Tendidas las dos manos hacia el rumor oceánico,
está pidiendo al tiempo del mar que lo liberte
de ese golpe de olas sin tregua que sacude
su anciano corazón, lleno de sombras.

Es como yo: lo siento como si fuera mía
su estampa, modelada por el furor eterno
de su mar interior.

Hermoso de tristeza,
está tratando —en vano— de no quemar la arena
con el ácido amargo de sus lágrimas.

Es como yo: lo siento como si fuera mío,
su anciano corazón, lleno de sombras...

PALABRAS DEL HOMBRE SECRETO

Hérib Campos Cervera

Hay un grito de muros hostiles y sin término;
hay un lamento ciego de músicas perdidas;
hay un cansado abismo de ventanas abiertas
hacia un cielo de pájaros;

hay un reloj sonámbulo
que desteje sin pausa sus horas amarillas,
llamando a penitencia y confesión.

Todo cae a lo largo de la sangre y el duelo:
mueren las mariposas y los gritos se van.

¡Y yo, de pie y mirando la mañana de abril!
¡Mirando cómo crece la construcción del tiempo:
sintiendo que a empujones

me voy hacia el cariño de la sal marinera,
donde en los doce tímpanos del caracol celeste
gotean eternamente los caldos de la sed!
¡Dios mío! —Si no quiero otra cosa
que aquello que ya tuve y he dejado,
esas cuatro paredes desnudas y absolutas;
esa manera inmensa de estar solo, royendo
la madera de mi propio silencio
o labrando los clavos de mi cruz.

¡Ay, Dios mío!

Estoy caído en álgidos agujeros de brumas.
Estoy como un ladrón que se roba a sí mismo;
sin lágrimas; sin nada que signifique nada;
muriendo de la muerte que no tengo;
desenterrando larvas, maderas y palabras

y papeles vencidos;
cayendo de la altura de mi nombre,
como una destrozada bandera que no tiene solda-
                                        [dos;
muerto de estar viviendo, de día y en otoño,
esta desmemoriada cosecha de naufragios.

Y sé que al fin de cuentas se me trasluce el pecho,
hasta verse el jadeo de los huesos, mordidos
por los agrios metales de frías herramientas.
Sé que toda la arena que levanta mi mano
se vuelve, de puntillas, irremisiblemente,
a las bodegas últimas
donde yacen los vinos inservibles
y se engendran las heces del vinagre final.

¡Cuánto mejor sería no haber llegado a tanto!
No haber subido nunca por el aire de Abril,
o haber adivinado que este llevar los ojos
como una piedra helada lo irremediable
para un hombre tan triste como yo!
¡Dios mío: si creyeras que blasfemo,
ponme una mano tuya sobre un hombro
y déjame que caiga de este amor sin sosiego,
hacia el aire de pájaros y la pared desnuda
de mi desamparada soledad!

SANTO DOMINGO

Fabio Fiallo

Manuel del Cabral

PLENILUNIO

Fabio Fiallo

> Fue un suave rozar de labios
> sobre sedosos cabellos.
> **Dulce María Borrego**

Por la verde alameda, silenciosos,
íbamos ella y yo:
la luna tras los montes ascsendía
y en la fronda cantaba el ruiseñor.

Y le dije... No sé lo que le dijo
mi temblorosa voz...
En el éter detúvose la luna,
interrumpió su canto el ruiseñor,
y la amada gentil, turbada y muda,
al cielo interrogó.

¿Sabéis de esas preguntas misteriosas
que una respuesta son?...
Guarda, ¡oh luna!, el secreto de mi alma;
¡cállalo, ruiseñor!

AIRE DURANDO

Manuel del Cabral

¿Quién ha matado este hombre
que su voz no está enterrada?

Hay muertos que van subiendo
cuanto más su ataúd baja...

Este sudor... ¿por quién muere?
¿por qué cosa muere un pobre?

¿Quién ha matado estas manos?
¡No cabe en la muerte un hombre!

Hay muertos que van subiendo
cuanto más su ataúd baja...

¿Quién acostó su estatura,
que su voz está parada?

Hay muertos como raíces
que hundidas... dan fruto al ala.

¿Quién ha matado estas manos,
este sudor, esta cara?

Hay muertos que van subiendo
cuanto más su ataúd baja...

NEGRO SIN NADA EN TU CASA

Manuel del Cabral

I

Yo te he visto cavar minas de oro
—negro sin tierra—.
Yo te he visto sacar grandes diamantes de la tierra
— negro sin tierra—.
Y como si sacaras a pedazos de tu cuerpo de la
[tierra,

te vi sacar carbones de la tierra.
Cien veces yo te he visto echar semilla en la tierra
— negro sin tierra —.
Y siempre tu sudor que no termina
de caer en la tierra.
Agua de tu dolor que fertiliza
más que el agua de nube.
Tu sudor, tu sudor. Y todo para aquel
que tiene cien corbatas, cuatro coches de lujo,
y no pisa la tierra.
Sólo cuando la tierra no sea suya,
será tuya la tierra.
Desde que tengas nombres comienzo a no respi-
                                         [rarte,
a confirmar que no existes
y es probable que desde entonces no te nombre,
porque cualquier detalle, una línea, una curva,
es material de fuga;
porque cada palabra es un poco de forma,
un poco de tu muerte.
Tu puro ser se muere de presente.
Se muere hacia el contorno.
Se muere hacia la vida.

LETRA

Manuel del Cabral

Letra:
esqueleto de mi grito,
pongo mi corazón sobre tu muerte,
pongo mis más secretas cualidades de pétalo,
pongo
la novia que he guardado entre el aire y mi cuerpo
mi enfermedad de ángel con cuchillo,
mi caballero ausente cuando muerdo manzanas,
y el niño que hay en mí, el niño
que sale en cierto día, el día
en que la mano casi no trabaja,
el día en que sencillos
mis pies pisan los duendes que están en el rocío
haciendo el oro joven del domingo.

Todo lo pongo en ti,
y tú siempre lo mismo:
estatua de mis vientos,
ataúd de presencias invisibles,
letra inútil.

Todo,
todo lo pongo en ti, sobre tu muerte.

La tierra no me entiende.

Sin embargo...

LA MANO DE ONAN SE QUEJA

Manuel del Cabral

Yo soy el sexo de los condenados.
No el juguete de alcoba que economiza
                                    [vida.
Yo soy la amante de los que no amaron.
Yo soy la esposa de los miserables.
Soy el minuto antes del suicida.
Sola de amor, mas nunca solitaria,
limitada de piel, saco raíces. . .
Se me llenan de ángeles los dedos,
se me llenan de sexos no tocados.
Me parezco al silencio de los héroes.
No trabajo con carne solamente. . .
Va más allá de digital mi oficio.
En mi labor hay un obrero alto. . .
Un Quijote se ahoga entre mis dedos,
una novia también que no se tuvo.
Yo apenas soy violenta intermediaria,
porque también hay verso en mis temblores,
sonrisas que se cuajan en mi tacto,
misas que se derriten sin iglesias,
discursos fracasados que resbalan,
besos que bajan desde el cráneo a un dedo,
toda la tierra suave en un instante.
Es mi carne que huye de mi carne;

horizonte que saco de una gota,
una gota que junta
todos los ríos en mi piel, borrachos;
un goterón que trae
todas las aguas de un ciclón oculto,
todas las venas que prisión dejaron
y suben con un viento de licores
a mojarse de abismo en cada uña,
a sacarme la vida de mi muerte.

EL MUEBLE

Manuel del Cabral

Por escupir secretos en tu vientre,
por el notario
que juntó nuestros besos con un lápiz,
por los paisajes que quedaron presos
en nuestra almohada a trinos desplumados,
por la pantera aun que hay en un dedo,
por tu lengua
que de pronto desprecia superficies,
por las vueltas al mundo sin orillas
en tu ola con náufragos: tu vientre;
y por el lujo que se dan tus senos
de que los limpie un perro que te lame,
un ángel que te ladra si te vistes,
cuatro patas que piensan cuando celan;

todo esto me cuesta solamente tu cuerpo,
un volumen insólito de sueldos regateados,
un ponerme a coser silencios rotos,
un ponerme por dentro detectives,
cuidarme en las esquinas de tu origen,
remendar mi heroísmo de fonógrafo antiguo,
todo el año lavando mis bolsillos ingenuos,
atrasando el reloj de mi sonrisa,
haciendo blando el día cuando llega visita,
poniéndole gramática a tus ruidos,
poniendo en orden
el manicomio cuerdo de tu sexo;
déjame ahora
que le junte mis dudas a la escoba,
quiero quedarme limpio como un plato de pobre:
tú,
que llenaste mi sangre de caballos,
tú,
que si te miro me relincha el ojo,
dobla tu instinto como en una esquina
y hablemos allí solos,
sin el uso,
sin el ruido
del alquilado mueble de tu cuerpo.

LA CARGA

Manuel del Cabral

Mi cuerpo estaba allí... nadie lo usaba.
Yo lo puse a sufrir... le metí un hombre.
Pero este equino triste de materia
si tiene hambre me relincha versos,
si sueña, me patea el horizonte;
lo pongo a discutir y suelta bosques,
solo a mí se parece cuando besa...
No sé qué hacer con este cuerpo mío,
alguien me lo alquiló, yo no sé cuando...
Me lo dieron desnudo, limpio, manso,
era inocente cuando me lo puse,
pero a ratos,
la razón me lo ensucia y lo adorable...
Yo quiero devolverlo como me lo entregaron;
sin embargo,
yo sé que es tiempo lo que a mi me dieron.

HAITI

René Dupestre

Michel Durand

Virginia Sampeur

Jean Brierre

MINERAL NEGRO

René Dupestre

Cuando el sudor del indio se vio repentina
[mente
agotado por el sol,
cuando el frenesí del oro drenó al mercado la
[última
gota de sangre india,
de modo que no quedó ni un solo indio
alrededor de las minas de oro,
que voltearon hacia el río muscular de Africa
para asegurar el relevo de la desesperación,
entonces comenzó la precipitación sobre la inago-
[table tesorería
de la carne negra,
entonces comenzó al atropello descabellado hacia
el radiante sol del cuerpo negro,
y toda la tierra resonó por el jaleo de las picas
en el espesor del mineral negro
y apenas si unos químicos no pensaron en los
[medios
de obtener alguna aleación preciosa.
con el metal negro,
apenas si unas damas no soñaron con una batería
de cocina del negro del Senegal o con un juego
para té en macizo negrito de las Antillas,

apenas si algún cura audaz no prometió a su
    parroquia
    en una campana fundida
    en la sonoridad
    de la sangre negra
o si un valiente capitán no se labró su espada
    en el ébano mineral
    o si un buen Papá Noel
no pensó en unos pequeños soldados
de plomo negro para su visita anual.
Toda la tierra resonó del sacudimiento de los
                                    [horadores
    en las entrañas de mi raza, en
    el yacimento muscular
    del hombre negro.
    Hace numerosos siglos
    que dura la extracción
    de las maravillas
    de esta raza.

  ¡Oh! capas metálicas de mi pueblo,
mineral inagotable de rocío humano,
cuántos piratas han explorado con sus armas
las profundidades obscuras de tu carne,
cuántos filibusteros se han hecho ya un camino
    al través de las ricas vegetaciones de
    claridades de tu cuerpo,
    sembrando tus años con tallos muertos
    y con charcos de lágrimas.

496

Pueblo desvalijado, pueblo por completo revuelto
    como una tierra
    arada,
pueblo rotundo para el enriquecimiento de las
               [grandes ferias del mundo:
Madura tu grisú en el secreto de la noche corporal.
    Ya nadie osará fundir cañones
ni monedas de oro con el negro metal de tu color
                      [creciente.

ES PARA USTEDES

Michel Durand

    Es para ustedes que escribiré,
niños de ombligos prominentes,
para ustedes que lloran a lo largo del día
al borde de los charcos
y que sólo tienen como juguetes
los objetos podridos, sucios,
y como amigos las ramas
del borde de los charcos estancados.
Sólo escribiré para ustedes:
¿qué valor tendrían mis palabras
si permaneciera indiferente
a su dolor
a sus rostros que nunca,
nunca reflejan la alegría,

a sus manos siempre manchadas
por la mugre de los charcos estancados?
Es para ustedes que escribiré,
para ustedes que conocen desde la cuna
una riña continua de las entrañas
siempre vacías.
No escribiré simplemente para ellos
sino que pondré en sus manos
la pluma y la espada
así subirán y dirán las grandes verdades
y aun tendrán el fervor
de subir al asalto
de todos aquellos bastiones
en cuya sombra
se levanta miserablemente
el andamio de su existencia.
Niños de vientres siempre en rebelión,
ustedes que viven
al borde de las lagunas encantadas
con unas caras sin sonrisas
y unas manos nunca limpias
yo les enseñaré
que hay hombres que comen más que su
                                    [hambre.
Niños de ombligos prominentes
de caras sin felicidad
de manos nunca limpias
yo les enseñaré también

498

que todas las aguas no están
mezcladas con el lodo.

LA DESAMPARADA

Virginia Sampeur

(Fragmentos)

¡Ah, si estuvieras muerto! Con mi alma marchita
haría una tumba, en que, reducto querido,
mis llantos fluirían pausadamente, sin remordi-
[miento.
Y tu imagen en mí permanecerá radiante;
y aún enlutada, mi alma hubiera sido alegre.
¡Ay si estuvieras muerto!
Haría con mi corazón la urna melancólica
que cobijara el pasado como una suave reliquia,
como estos cofrecitos dorados llenos de perfume;
con mi alma haría una capilla ardiente
donde rielaría la postrera chispa
    de mis esperanzas ya esfumadas.
¡Ay si estuvieras muerto, tu eterno silencio,
menos áspero que hoy, tendría tu elocuencia
pues ya no sería el cruel abandono;
yo diría: "Ha muerto, pero sabe escucharme
y a lo mejor, al morir subsanaría
todo diciéndome: Perdóname".

BLACK SOUL

Jean Brierre

Te hallé en los ascensores de París;
¿eres del Senegal?.... ¿de las Antillas?
Sobre la borda de los trasatlánticos
nos dimos a charlar. Del mundo entero
conocías las cosas sigilosas,
y maneras de amor en toda lengua:
las razas todas se han contorsionado
en tus brazos nocturnos y potentes.
Solías asomar de la cocina,
y en ofrendas de perlas
le arrojabas al mar tu gran sonrisa.
Y cuando la cubierta se poblaba
de risas opulentas, lujuriantes,
tú aún con los hombres doloridos

por la carga del día
cantabas solitario
a la quejumbre rítmica del banjo
música soledosa del amor
y elevadas oasis vaporosas
de la sucia colilla de un habano
que sabía al nativo litoral.

Bélgica, Francia, Italia, Grecia:
todos te vieron y te oyeron
apostrofar la muerte.

Te dejaron inerme en todas partes,
Pero... ¿Se puede acaso
dejar inerme el corazón de negro?

Solamente que tú, Black Boy, sonríes,
y cantas y bailas,
y sigues en tus brazos arrullando

las edades que a toda hora encienden
las frentes del trabajo
las frentes de la angustia;
todo cuanto mañana en las Bastillas
escalará las torres del futuro
para escribir con verbo universal;
en el inmenso libro de los cielos
tu memorial de agravios,
tus derechos humanos denegados
con secular denegación,
en dondequiera que tus manos
han sido pedestales de basalto
para elevar doseles y murallas,
con la argamasa indestructible o pura
de la luz, de la gracia y del amor.

Indice

MEXICO

PUERTO RICO

CHILE

NICARAGUA

VENEZUELA

COLOMBIA

HONDURAS

COSTA RICA

EL SALVADOR

BOLIVIA

PARAGUAY

SANTO DOMINGO

HAITI

INDICE DE AUTORES

Edición 2 000 ejemplares
FEBRERO 1994
LITOGRAFICA JOMAN
Comonfort 48 Local 29-C
Centro